Henker und Opfer

Fröhliche Wissenschaft 054

Georges Bataille

HENKER UND OPFER

Mit einem Vorwort von André Masson

Aus dem Französischen von Reinhart Tiffert,
Monika Buchgeister und Gerd Bergfleth

Inhalt

André Masson Über Georges Bataille

Der moderne Mensch hat einen kranken Geist: Er heiligt das Profane – sucht verschämt nach Ersatzformen für die Religion – und, sofern er Platz in einer militarisierten Herde gefunden hat, verschreibt er sich mit Leib und Seele dem Anführer, der ihm eine lächerliche Moral mit dem Knüppel einbläut.

Diesem allgemeinen Sich-Preisgeben widersetzen sich einige bewunderswerte Ausnahmeerscheinungen.

So auch Georges Bataille. Ohne auf die Arznei der Moral – auf das »Moralin« – zurückzugreifen, findet er die Abhilfe für unsere intellektuellen, ästhetischen und sozialen Duckmäusereien in der Betrachtung unserer Abgründe. Eine bittere Arznei und ohne Zuckerguss.

So legt die tibetanische Mystik großen Wert auf die »Meditation über das Schreckliche«; und ebenso Georges Bataille, wenn er die Zauberkräfte des Scheiterns, den Taumel des Exzesses, die Mächte der Überschreitung enthüllt.

Georges Bataille, keineswegs ein Defätist des Lebens, sondern einer, der Sonnen und Blitze betrachtet (im übrigen weiß er um die Tugenden des glücklichen Zufalls).

In seiner Art (war er es nicht – bleibt er es nicht?) ist er der beste Gefährte, um zum Kern des zerrissenen Wesens zu gelangen; auch der verlässlichste, um die Falle des Pharisäertums zu vermeiden, die, wie die Wolke das Gewitter, jede Orthodoxie enthält.

GEORGES BATAILLE

Reflexionen über Henker und Opfer[1]

»In den vier Wochen, die wir nun von Helmstedt fort sind, sind wir bis an die äußersten Grenzen der Trümmerwelt gegangen. Die Lagergemeinschaft hat sich aufgelöst, und die Menschen haben dann alle Dämme niedergerissen. Ich, wir, alle. Von dem, was wir im Zustand der Erniedrigung kennenlernen konnten, wird niemals gesprochen werden. So wie wir sind, so elend und erschreckend, tragen wir dennoch einen Triumph davon, der uns selber weit übersteigt, einen Triumph für die ganze menschliche Gemeinschaft. Nie haben wir den Kampf aufgegeben, nie haben wir uns losgesagt. Nie haben wir über das Leben gelästert ...«[2]

Wenn dem Leben eine äußerste Möglichkeit eröffnet wurde, und zwar nicht in der Flüchtigkeit des normalen Todes, sondern in einer endlosen Wiederholung, die Hunderttausende verlängerter Agonien zusammen ihm boten, ist es sicher die, zu deren Memoirenschreiber David Rousset sich gemacht hat. Er sagt uns selbst, worin die Eigentümlichkeit seiner Erfahrung bestand: bestrebt, sie zu beobachten, war er nichtsdestoweniger ihr

Versuchskaninchen. Man sieht, dass am Ende das Versuchskaninchen triumphiert und, indem es Tod und Unglück ins Gesicht blickt, den Sieg des schwer geprüften Lebens bestätigt.

Aber die unerhörte Schlussfolgerung Roussets kennt keine Zurücknahme, wenn es darum geht, seiner Erfahrung die Bedeutung eines Einwands, einer Ablehnung beizumessen. »Niemals«, sagt er uns, »könnten die normalen Menschen dies verstehen. Sie leben an der Oberfläche. Nicht nur an der der gesellschaftlichen Konventionen, sondern anderer, sehr viel tieferer. Unvermuteter. Der Konventionen, wo das intimste Leben zugelassen ist. Wenn man ihnen sagt: die Wahrheit ist, dass Opfer und Henker gemein waren; dass die Lektion, die die Lager erteilen, die Brüderlichkeit in der Erniedrigung ist; dass dir, falls du dich nicht ebenso schmachvoll benommen hast, nur die Zeit gefehlt hat und dass die Bedingungen nicht ganz darauf abgestellt waren; dass nur eine rhythmische Verschiebung beim Verfall der Menschen existiert; dass die Langsamkeit des Rhythmus die Eigenschaft der großen Charaktere ist; dass aber der Nährboden, das, was unter der Oberfläche liegt und steigt und steigt, absolut, auf schreckliche Weise dasselbe ist. Wer wird das glauben? Noch dazu, wo die Davongekommenen es wohl nicht mehr wissen werden. Auch sie werden Bilder von Épinal erfinden.« (S. 587-588)

Tatsächlich spricht nicht der Autor, sondern ein Deportierter, von dessen Gedanken er berichtet: »Eine gewaltige Farce. Eine seiner Meinung nach endgültige Art, sie zunichte zu machen«, so lautet nach Rousset die Schlussfolgerung des Unglücklichen, der im letzten Moment das Gift der Folter vorzieht. Aber nichts ist klar. Und es scheint mir, dass der Autor bei der Suche nach einem Gedanken im Innersten der Reflexion, der dem Geist des kurz vor seinem Tod stehenden Pröll möglich war, nur auf folgende grundlegende Schwierigkeit stieß: Wir können niemals eine Grenze *setzen,* sobald ein Mensch im Leiden weit vordringt; er kann nicht mehr *sicher sein,* dass selbst eine Barriere durchbrochen werden kann, die bis dahin standgehalten hatte. Und was an der bestandenen Probe und am Sieg des Lebens gerade zu bewundern ist, ist die Tatsache, dass das Leben, obwohl es sich der Gewalt des Schreckens und dem physischen Elend ausgeliefert weiß, sich dennoch *sicher ist,* dass es alles in allem durch ein Mehr an Beharrlichkeit gegenüber dem Schmutz den Sieg davontragen wird. Aber in einem Universum voller Leid, Niedrigkeit und Gestank stand es jedem *frei,* den Abgrund, die Grenzenlosigkeit des Abgrunds und die Wahrheit zu ermessen, die einen nicht mehr loslässt und fasziniert.

Eine der überraschendsten Reaktionen David Roussets ist die Überschwänglichkeit, beinahe

Euphorie bei dem Gedanken daran, an einer Erfahrung jenseits aller Vernunft teilzuhaben. Nichts, was männlicher, was *heilsamer* wäre. Der Abgrund des Entsetzlichen – einerseits das Leiden und die damit einhergehende Erniedrigung, andererseits die gemeine Grausamkeit des Henkers, die einen jenseitigen Raum unbegrenzter Möglichkeiten erschließt – der Abgrund des Entsetzlichen in den Dingen bietet sich dem Menschen als Wahrheit dar, die es zu entdecken gilt. Mit anderen Worten, es ist nötig, dass der Mensch jenseits eines Normalzustandes auch noch die ferne Grenze des Möglichen kennenlernt. Aber er muss den Preis dafür zahlen …

Aber der, der zurückschrickt und nicht sehen will, ist kaum Mensch: Er hat als Basis die Unkenntnis über sich selbst gewählt. In gewissem Sinn weiß er, was er ist – er wendet sich ab! – aber er *will es nicht* wissen. Diese Ablehnung des Menschseins degradiert kaum weniger als die des Henkers. Der Henker erniedrigt sich, erniedrigt sein Opfer, vor allem tötet er nur aus Schwachheit, aus Unwissen (keiner kann sich, wenn er nicht *unmenschlich* ist, auf den Zustand der blinden Natur verkürzen, ein Folterer *weiß nicht,* dass er sich selbst trifft, er fügt dem Leiden des Opfers die Vernichtung der Idee der Menschlichkeit hinzu). Aber ein *sensibles Herz* ist noch schwächer und wohl fürchterlicher; seine Ohnmacht vergrößert diesen Bereich des Lächerlichen, in dem sich die Menschlichkeit auflöst, ist nur noch Irrtum und Eitelkeit und bezeugt die Dummheit eines Gänschens.

Das Entsetzen ist natürlich nicht die Wahrheit: es ist nur eine unbegrenzte Möglichkeit, deren einzige Grenze der Tod ist (die Bedeutung des Todes liegt tatsächlich darin, dass er als Endpunkt des Schmerzes diesem endgültigen, jedes Maß überschreitenden Sinn verleiht: Er – der Tod – bleibt bis zum Ende das Unmögliche in uns, er unterdrückt jedes andere Mögliche außer den Schmerz und entzieht sich in dem Maß, wie er es begrenzt, dem Bewusstsein). Aber der Mensch besteht aus möglicher Erniedrigung, seine Freude aus möglichen Schmerzen; und wenn Erniedrigung und Schmerz sich ihm nicht voll und ganz enthüllen auf irgendeine Art, ist er nur ein Waschlappen in der Verkleidung eines Menschen, Pharisäer, Clown oder alte Jungfer, irgendeine aufgeblasene und geschwätzige kleine Lüge, die die Gewissensbisse angesichts einer Schwachheit betäubt.

Der Ekel enthüllt keineswegs die Dinge, aber die Welt ist uns nur im Zustand unterdrückten Ekels gegeben.

Wenn man in uns den Bereich möglichen Schmerzes unterdrückte, gäbe es eine Welt voller *Charlotten* und *Gustavs,* über die niemand mehr lachen würde. Aber schließlich ist der Schmerz da; der Ekel vor ihm kennzeichnet uns. Und die Kenntnis des möglichen Schmerzes *macht menschlich:* sie ist es, die so sanft und so streng, so heiter und so schwermütig-schweigsam macht.

(So gesehen stellt David Rousset ganz genau den Punkt dar, an dem sich die Menschlichkeit vollendet: Er ist aus der Prüfung ohne Hass und Klagen, mit ebensoviel Humor wie Hellsichtigkeit hervorgegangen.)

Das Schlimmste an diesen Leiden der Deportierten ist nicht der ertragene Schmerz, sondern der von anderen in ihrer Raserei gewollte Schmerz. Der Schmerz, der von Krankheiten oder Unfällen herrührt, erscheint nicht so schrecklich: das zutiefst Erschreckende liegt im Entschluss derer, die ihn fordern. Eine Welt, in der große Schmerzen viele Einzelmenschen heimsuchen würden, wo aber alle einverständig daran arbeiteten, ihn zu lindern, wäre beruhigend. Erniedrigung, Schande, Schwachheit in ihrer Vervielfachung – die allmählich das Bollwerk der Vernunft zerstören, die die zivilisierte Ordnung begründet – treffen uns härter als das nackte Leiden.

Der Unterschied betrifft jedoch weniger das Leiden des Opfers als das unsere. Wir sind stärker bedroht, wenn die Barrieren nachgeben, die die Vernunftordnung der Grausamkeit entgegensetzte.

Aber das ist nicht alles.

Wir können nicht *menschlich* sein, ohne in uns die Fähigkeit zum Schmerz, auch die zur Gemeinheit wahrgenommen zu haben. Aber wir sind nicht nur die möglichen Opfer der Henker: die Henker sind unseresgleichen. Wir müssen uns auch noch fragen: Gibt es nichts in unserem Wesen, das so viel Entsetzliches unmöglich macht? Und wir müssen uns wohl zur Antwort geben: Tatsächlich, es gibt nichts. Tausend Hindernisse stellen sich in uns dem entgegen ... Trotzdem ist dies nicht unmöglich. Wir sind also nicht bloß zum Schmerz, sondern auch zur Raserei des Folterns fähig. Beispiele wie Toni Bruncken, Heinz, Popenhauer und so viele gestiefelte, Menschen niederknüppelnde Mörder, alle feige und unerbittlich, sind da, um uns mit ihrer unwiderlegbaren Raserei zu sagen, dass oft bloß die Feigheit die Grenze der Grausamkeit bildet und dass es keine Grenze für die Feigheit gibt.

Und wie könnten wir in der peinlichsten Stille die Augen davor verschließen, dass eine solche Möglichkeit nur die fernste, auch die unvorstellbarste, aber *unsere* ist? Es gibt nichts in uns, das wir absondern, das wir beiseite schieben könnten und das uns erlaubte, fest und steif zu behaupten: das war auf alle Fälle unmöglich. Auf alle Fälle? Was wir sind, hing von Umständen ab, die alle hätten anders sein können, die beispielsweise die hätten sein können, deren Ergebnis Toni Bruncken ist.

Es ist klar, dass das Leben nicht auf das Absurde reduzierbar ist und dass trotzdem das dem Menschen Mögliche nach allen Seiten über die Grenzen der Vernunft hinausragt. Eine Kette vernünftiger Handlungen ist immer nur eine Möglichkeit unter anderen, und der vernünftige, aufgeklärte Mensch nimmt in sich immer das Vernünftige wahr und zugleich – jenseits davon, wenn auch stets in sich selbst –, das, was das Vernünftige infrage stellt.

Also gehört es zum Wesen der Vernunft, infrage gestellt werden zu können, aber zum Wesen des Infragestellens, Ergebnis der Vernunft zu sein. Die Vernunft ist wohl im Grenzfall nur eine für sie selbst unlösbare Frage, und es kann dann der Anschein erweckt werden, dass sie sich selbst ad absurdum führt. So ist es nicht, wenn man gewillt ist, mit ausreichend kühlem Kopf (vielleicht auch voller Leid) zu sehen. Das Vernünftige ist in der Tat das, was das Absurde nicht zerstören kann, weil die Vernunft von sich aus in ihrem Innersten das leistet, was das Irrationale von außen her macht: sich vorbehaltlos infrage stellen. Aber gerade darin siegt der Mensch über die Verneinung: er trägt nicht irgendeinen endgültigen Sieg davon, nach dem ihm Ruhe und Schlaf geschenkt würden; er siegt durch den Zweifel, der das *Erwachen* ist.

Nur: Was wäre das Erwachen wert, wenn es lediglich eine Welt abstrakter Möglichkeiten erhellte? Wenn es nicht erst einmal die Augen für die Möglichkeit von Auschwitz, für die Möglichkeit von Ekel und unheilbarer Raserei öffnete?

Es gibt in einer bestehenden Form moralischer Verurteilung eine kaum greifbare Art der Leugnung. Man sagt letztlich: Zu dieser Gemeinheit wäre es nicht gekommen, wenn es nicht Ungeheuer von Menschen gegeben hätte. Bei diesem Gewalturteil macht man einen Schnitt zwischen den Ungeheuern und dem Möglichen. Man klagt sie implizit an, die Grenze des Möglichen zu überschreiten, statt zu sehen, dass gerade ihre Überschreitung diese Grenze bestimmt. Und insofern sich die Sprache an die Masse richtet, ist es gut möglich, dass diese kindische Leugnung wirkungsvoll erscheint, aber sie ändert nichts am Kern der Sache. Die unablässig drohende Grausamkeit zu leugnen, ist sogar ebenso vergeblich wie die Leugnung unablässig drohender physischer Schmerzen wäre. Man beugt ihren Wirkungen kaum vor, wenn man sie in platter Manier zum Erbteil von Parteien oder Rassen macht, die, wie man sich einbildet, nichts Menschliches an sich haben.

Und natürlich ist das Erwachen, das ein unablässiges Bewusstsein möglichen Grauens verlangt, mehr als nur ein Mittel zu dessen Vermeidung (oder eines, um ihm gewachsen zu sein, wenn der

Moment da ist). Das *Erwachen* beginnt mit dem Humor und auch mit der Poesie. (Und die Bedeutung des Buches von Rousset liegt nicht zuletzt darin, dass auch der Humor bejaht wird und dass die dabei frei werdende Sehnsucht – niemals die nach einem satten Glück – eine Sehnsucht nach poesietrunkenen Gefühlen ist.)

Sartres Überlegungen zur Judenfrage[1]

Diese im Oktober 1944 geschriebene Studie über den Charakter des Juden und den des Antisemiten ist unmittelbare Konsequenz einer der schwärzesten Taten, die auf das Konto der Menschheit gehen. Allgemein gesprochen liegt im Menschsein etwas Schweres, etwas Widerwärtiges, das überwunden werden muss. Aber diese Schwere und diese Widerwärtigkeit waren nie zuvor so bedrückend wie seit Auschwitz. Wie Sie und ich hatten auch die Verantwortlichen von Auschwitz Nasenlöcher, einen Mund, eine Stimme, einen Verstand wie Menschen, sie konnten heiraten und Kinder bekommen: Wie die Pyramiden oder die Akropolis ist Auschwitz Tat, ist Auschwitz Zeichen des Menschen. Das Bild vom Menschen ist seither untrennbar mit einer Gaskammer verbunden…

Wenn dieses Grauen überwunden werden soll, genügt es nicht, die Schuld einer Kategorie verabscheuter Menschen zuzuschieben. Auf diese Weise setzt man nur die antisemitische Feigheit fort, den Schwindel mit den Sündenböcken nämlich. Man muss weiter vordringen und über die jüdische Frage nachdenken.

Die Chance der Menschheit ist vielleicht an die Fähigkeit geknüpft, erste Reaktionen zu beherrschen, die zugleich feige und zerstörerisch sind; der Antisemitismus ist deren gemeinste. (Hier muss daran erinnert werden, dass immer dort, wo er grassiert, das Unglück zugeschlagen hat: Der Niedergang Spaniens folgte auf den Weggang der Juden; die für die russischen Pogrome verantwortliche Klasse wird vernichtet: Und wenn der Antisemitismus nicht von vorneherein jeder klaren und ehrlichen Sicht der Dinge verschlossen wäre, hätte der Deutsche vor der Katastrophe, deren Urheber er ist, keinen anderen Ausweg als den Selbstmord gehabt.) Daher hat das nüchterne Porträt, das Sartre vom Antisemiten gezeichnet hat, den Wert einer notwendigen Lektion. Was nach Sartres Meinung den Antisemiten kennzeichnet, ist dies, dass er der Vergangenheit angehört und in der Gegenwart wie ein Wesen aus Stein weiterlebt. Er kann dies unter der Bedingung, »für Vernunftgründe und Erfahrung undurchlässig« sein zu wollen. Er bringt nichts in die Gesellschaft ein außer die stumpfsinnige Psychologie der Massen. Unfähig zu gestalten, ohne Kenntnis des Räderwerks einer modernen Gesellschaft, stiftet er die Verwirrung einer ganz primitiven Leidenschaft. Der Jude ist in seinen Augen verflucht, verdammt, unberührbar, wie in den Augen des Hindu der Paria. Er ernennt sich damit selbst zum edlen Menschen (was er nicht ist) und findet in praktiziertem

Hass die moralischen Privilegien, die zu Grundeigentum berechtigen. Der Antisemit ist im allgemeinen Kleinbürger, besitzt keinen Grund und Boden, eignet sich aber durch den Antisemitismus vitale, irrationale Werte an, die Erbteil des Gutsbesitzers sind. Gut und Böse sind für ihn ein für alle Mal von Geburt angegeben. Das Gute in ihm ist ebenso unveränderlich wie das Böse im Juden. Und der Antisemit, der keineswegs Angst vor dem Juden, sondern vor all dem hat, was statisches Denken in Frage stellt, hat immer Angst. Deshalb muss er wie der feige Gedemütigte, der sein Pferd schlägt, dem Wehrlosen Furcht einflößen.

Recht paradoxerweise kritisiert Sartre den Demokraten und den Juden selbst, weil sie sich meist an ein rationales und undifferenziertes Menschenbild halten. Er nennt den Juden nicht-authentisch, der mangels Zugang zu den christlichen Werten, die an eine Situation gebunden und individuell sind, diesen die universale Vernunft entgegenhält. So sind in seinen Augen nicht nur Bergson (reduziert auf einen »umgetauften Rationalismus«) und Husserl, sondern auch Spinoza nicht-authentisch. Ich glaube, dass hier die Worte mit den Dingen übertrieben schroff umgehen. Es ist wahr, dass das Universale am jüdischen Denken in der Flucht seinen Ursprung hat: im Wunsch, eine Individualität zu leugnen, die jeden Juden aus den lebenswichtigen Gemeinschaften ausschloss. Aber dieses Leugnen ist auch der indirekte Ausdruck einer »Situation«, deren Überschreitung es darstellt. Darin stimmt jüdisches mit revolutionärem Denken überein. (Ist Spinoza nicht der erste demokratische Denker?) Man kann über die Grundlagen diskutieren (die Individualität wird nur verbal geleugnet), aber ist der Rationalismus nicht seinerseits zu dem individuellen Zug geworden, der den Juden der übrigen Welt entgegensetzt? Ist die Kritik des Antisemitismus nicht vor allem Kritik am Rationalismus geworden? Gewiss hat die jüdische Welt, indem sie sich als individuelle Welt verleugnete, zur Geburt einer universalen, authentischen Welt beigetragen, der der Kampf des Antisemitismus gegen sie sehr zu Recht die Authentizität einer Existenz »in der Situation« verliehen hat. Der Jude ist in den Hintergrund getreten und bewahrt so dieser Welt ihren nicht-jüdischen Charakter, aber hat er sich damit von der Authentizität entfernt? Ich sage nicht, dass die Kritik von Sartre wertlos ist (Grundlage des Universalen bildet eine Flucht), aber es gibt ein Epos der Vernunft, an dem die Juden authentisch mitgeschrieben haben, und besteht die jüdische Authentizität nicht gerade darin, dass in Auschwitz die Vernunft in ihrem Fleisch und Blut litt?

Die Welt, in der wir sterben

Mir scheint, dass es in dieser Welt nichts gibt, was sich unserem Denken entzieht. Wir wechseln unseren Standort: alles gerät in unser Blickfeld. Jenseits des Blickfeldes nehmen wir eine gewaltige Ausdehnung an, in der sich Welten zusammenfügen, die eine langsame Photographie uns enthüllt.

Gewaltig? Aber wir haben an dieses vorgeblich Gewaltige unsere Maßstäbe angelegt, wir haben sogar das auf unser Maß reduziert, was es zunächst zu übersteigen schien.

Allein der Tod entzieht sich den Bestrebungen eines Geistes, der sich vorgenommen hat, alles zu überblicken.

Der Tod aber, wird man sagen, liegt außerhalb der Welt. Der Tod liegt außerhalb der Grenzen. Als solcher entzieht er sich notwendig dem Zugriff einer Methode des Denkens, die nichts ins Auge fasst, ohne es begrenzt zu haben.

Wenn man so will.

Ich halte einen prachtvollen Band in Händen, dessen Text mit zahlreichen Farbbildern illustriert ist.

Dieser Bildband von 1955 enthält alle Artikel, die die Zeitschrift *Life* (sie hat in Amerika eine Auflage von vier Millionen) unter dem Titel *The World we live in* im Jahre 1954 veröffentlicht hat.

Die Entstehung der Erde, die Bildung des Meeres und der Kontinente, die Bevölkerung der Erdoberfläche durch die Tiere und die Menschen, oder der Sternenhimmel, unter dem sich die Erde dreht, sie haben einer Reihe fesselnder Bilder Raum gegeben. Was die Photographie nicht einfangen konnte, bilden Zeichnungen ab. Mit diesem Bildband in den Händen öffnet sich meinen Augen alles, was das Leben hervorbringt, was die Entwicklung des menschlichen Geistes diesem Geist enthüllt, in seiner greifbaren Ganzheit. *Die Welt, in der wir leben* ist für uns die Welt, aus der der Mensch hervorgeht, nach deren Maßgabe der Mensch geschaffen ist und die durch eine klare Darstellung dem menschlichen Geist zugemessen wird. Es stimmt, der Mensch besitzt die Welt nicht. Er besitzt jedoch zumindest das, was ihm nahe ist, und die Herrschaft, die er über das Nächste ausübt, verleiht ihm in dem Raum, den die Wissenschaft entdeckt, im allgemeinen das Gefühl, *zu Hause* zu sein.

Aber nun will ich die Frage stellen.

Ist die Welt, in der wir leben, *the world we live in,* nicht zugleich *the world we die in,* ist sie nicht »die Welt, in der wir sterben«? Der amerikanische Herausgeber hätte ebenso *The World we die in* als Titel wählen können.

Vielleicht.

Es gibt jedoch eine Schwierigkeit.

The world we die in ist nicht im geringsten Maße etwas, das wir besitzen. Tatsächlich ist der Tod in dieser »Welt, in der wir leben« das, was sich dem Besitz entzieht, sei es, weil wir aus Furcht nicht den Wunsch verspüren, ihn zu besitzen, sei es, weil wir nach dem Versuch, die Herrschaft über ihn auszuüben, am Ende zugeben müssen, dass er sich entzieht.

Riten und Gebräuche waren zu allen Zeiten bemüht, den Tod in den Bereich des menschlichen Geistes zu integrieren.

Aber diese Riten und Gebräuche erhielten die Faszination des Todes in uns aufrecht. Der von ihm faszinierte Geist konnte sich vorstellen, dass der Tod *sein* Bereich werde: ein Bereich, in dem der Tod überwunden wäre. Nichtsdestoweniger ist in dieser Welt, in der wir leben, in der uns durch die Wissenschaft letztlich nichts mehr ganz und gar entzogen ist, der Tod das geblieben, was sich entzieht. *Die Welt, in der wir sterben* ist nicht »die Welt, in der wir leben«. Die Welt, in der wir sterben, steht der Welt, in der wir leben, gegenüber wie das Unzugängliche dem Zugänglichen.

Einem Kind zeige ich *The World we live in*. Es begreift diese Bilder sofort, sie sind unmittelbar zugänglich. Dem überaus nachdenklichen Geist schlage ich die Lektüre von *Le Dernier Homme* vor, welches ihm die »Welt, in der wir sterben«

eröffnen könnte; erst nachdem er dieses kleine Buch zweimal oder öfter gelesen hat, wird er erahnen, warum er eine so schwierige Lektüre, in die er zunächst nicht hineinfinden kann, wiederaufnimmt. Zweifellos wird ihn diese Lektüre durch eine Kraft unerhörter Überschreitung beeindrucken können, aber erst nach einer Zeit der Geduld wird sich ihm ein Blick eröffnen auf den ungreifbaren Tod, der sich noch im Sich-Zeigen entzieht: Dennoch ist es möglich, dass sein eigenes Denken ihm die Forderung seiner Grundlagen entzieht, dass es ihm alles entzieht, was das Denken ihm zunächst vorgab.

Ich habe von den Schwierigkeiten gesprochen, die die Lektüre von *Le Dernier Homme* bereitet. Die wenigen oben stehenden Sätze könnten nahe legen, dass es sich um Philosophie handelt. Doch *Le Dernier Homme* steht außerhalb von Philosophie.

Es ist vor allem, wie die Titelseite ausweist, eine *Erzählung*.

Diese Erzählung führt Figuren ein, stellt sie in eine bestimmte Situation, steuert auf eine Lösung zu. Später werde ich diese Figuren und das, was ihnen begegnet, beschreiben. Ohne noch länger zu warten, will ich jedoch den tieferen Grund angeben, warum *Le Dernier Homme* kein philosophischer Charakter beigemessen werden kann: dieses Buch ist in der Tat keine Arbeit. Die Philosophie ist eine *Arbeit*, bei der der Autor, mit

Blick auf ein Ziel, auf die verrückte Freiheit seiner Gangart verzichtet. Nur die *Literatur* ist ein *Spiel*, bei dem Würfel geworfen werden, um eine unvorhersehbare Zahl zu erhalten …

Nun werde ich die Gegebenheiten der Erzählung darlegen. Zumindest werde ich sie mitteilen, wie sie mir erscheinen (das entfernt sich vielleicht teilweise von dem Denken, von dem das Werk ausgegangen ist, aber doch nicht soweit, dass keine Rückkehr mehr möglich wäre).

Drei Figuren nähern sich dem Tod, jede auf ihre Weise. Eine von ihnen, der »letzte Mensch«, nähert sich ihm vor den beiden anderen: Sein ganzes Leben ist vielleicht Funktion des Todes, der in ihn eintritt. Nicht, dass er selbst ganz gezielt dafür Sorge trägt, aber der Erzähler sieht ihn sterben, er ist für den Erzähler ein Widerschein dieses Todes, der in ihm *ist*. In ihm ist es dem Erzähler gegeben, den Tod zu betrachten und sich in ihn zu versenken.

Diese Versenkung ist niemals unmittelbar gegeben. Die Zeugen des »letzten Menschen« kommen ihm nicht wirklich nahe; was er am Ende ist, erahnen sie nur in dem Maße, in dem sie selbst in die »Welt, in der wir sterben«, eingehen. Das ist das Maß ihrer Auflösung: dieses »ich«, das in ihnen spricht, entgleitet ihnen.

Jener, der auf das Sterben blickt, ist selbst in dem Blick, den er auf den Tod richtet: Wenn er es ist, so in dem Maße, in dem er bereits nicht mehr er selbst ist, sondern in dem er »wir« ist, in dem der Tod ihn auflöst. Jenes im Tod angesiedelte »wir« kann jedoch offensichtlich nicht vor diesem isolierten, zugleich uneinsehbaren und vertrauten Tod angesiedelt werden, der entsetzt und den jeder, wenn er ihn anblickt, nur anblicken kann unter Auslassung einer entsetzlichen Präsenz, den niemand anblickt, wenn er nicht von vornherein einen schwächlichen Blick[1] abwendet; tatsächlich könnte dieses »wir« nur aus einer Summe, einer Abfolge von »ich« hervorgehen; man kann dieses »wir« in dem Maße ins Auge fassen, in dem der Tod, um den es sich handelt, nicht mehr jener ist, den wir kennen und fliehen, sondern der »universelle Tod«, dem der »letzte Mensch« angehört. Jener, der stirbt, im Sterben aber dem Tod seine Präsenz zugesteht, zumindest jener, der stirbt und sich dabei von der alten Leier des Lebens abwendet, der also stirbt, aufgesogen von der »Welt, in der wir sterben« (wo die Absenz, das ist richtig, der *Präsenz* nachfolgt, die wir im Grunde nur der »Welt, in der wir leben« zugestehen), jener, der stirbt und dabei ganz dem Verschwinden geweiht ist, das sein Tod bedeutet, könnte keine Zeugen haben, es sei denn diese Zeugen hätten, wenn auch nur in Form einer flüchtigen Verwirrung, Anteil an dem universellen Verschwinden, welches der Tod bedeutet (wäre aber dieses universelle Verschwinden am Ende nicht das universelle Erscheinen?).

In seiner unprätentiösen und doch verwirrenden Sprache »präzisiert« Maurice Blanchot die Besonderheiten dieses »letzten Menschen«, der als erster in den »universellen Tod« eingeht: »Ich glaube, diese Besonderheiten waren der Grund dafür, dass jeder das Gefühl hatte, ein anderer werde ins Auge gefasst, aber es war nicht irgendein anderer, es war stets der Allernächste, als könnte sein Blick nur ein Blick auf ein Daneben sein, der den wählt, den man berührt, den man streift, also denjenigen, der man bisher eigentlich zu sein überzeugt war. »*Vielleicht wählte er in Ihnen stets einen anderen. Vielleicht schuf er durch diese Wahl einen anderen. Von keinem Blick hätte man es sich mehr gewünscht angeblickt zu werden, aber er blickte Sie vielleicht nie an, blickte immer nur ein wenig Leere neben Ihnen an. Eines Tages war diese Leere eine junge Frau, mit der ich befreundet war.*« (S. 25f.) Ich habe die Sätze hervorgehoben, auf die ich die Aufmerksamkeit lenken wollte (die vorangehenden Sätze eröffnen sich dem Leser erst, wenn er schon weiter in die Tiefe dieses Buches hinabgestiegen ist – offenbar das tiefste aller Bücher).

Diese Leere, »ein wenig Leere neben Ihnen«, – jedoch kann eine solche Formel in *Le Dernier Homme* stets nur von zweifelhaftem, vorläufigem Wert sein, im übrigen ist das Schema, das ich zur Einführung benutze, in meinen Augen selbst nur von zweifelhaftem Wert – diese Leere ist es trotz allem, die die dem Leben eigene Planung erschüttert und in der Erzählung das Eintreten der Figuren in »jene Welt, in der wir sterben« ankündigt. Es scheint, ohne diese Leere wäre das »Ich«, das der Erzähler eines Tages war, nicht »ein Wer?«, wäre nicht für sich allein, »eine Unendlichkeit von Wer?«. Das »Ich« würde nicht ersetzt durch das Vergessen, das das Prinzip des »Wir« ist, welches sich in der Ferne jener »Welt, in der wir sterben«, zusammenfügt.

Allenfalls eine dunkle Nachbarschaft vereint die Figuren der Erzählung im Unendlichen. Das besondere Aussehen, die Reaktionen und die besondere Beweglichkeit des »letzten Menschen« werden uns mitgeteilt. Der Klang seiner Stimme oder seines Hustens und seiner Schritte auf den Gängen werden uns mitgeteilt. Er wohnt im gleichen Gebäude wie dieser Erzähler und diese junge Frau, die eine gegenseitige Anziehung miteinander verbindet. Von diesem »großen, zentralen Gebäude« wissen wir nur wenig: wir hören, wie von einem Aufzug gesprochen wird, von endlosen weißen Gängen, die denen eines Krankenhauses gleichen. Die Krankheit scheint das Bindeglied zwischen den zahlreichen Bewohnern dieses Hauses zu sein, das über Küchen verfügt, über einen Hof – auf den eines Tages Schnee fällt –, über eine Spielhalle, die denen der Casinos gleicht. Diese Realitäten sind greifbar, aber sie sind nur da, um zu *verschwinden*. So, als brauchte das Verschwinden, das von dem Buch unterstellte Ereignis – wenn es auch seinerseits dem präzisierenden Wissen entzogen ist – erscheinende Objekte, die verschwinden, um stattzuhaben, um »einzutreffen«. Sonst würde uns ein grundlegender Aspekt des Verschwindens zu früh mitgeteilt. Wir wüssten zu früh, dass dieses Ereignis eine Absenz von Ereignis ist.

Die junge Frau ist eigentümlicherweise wenig von diesem nahen Verschwinden aufgesogen. In ihrer Nähe finden wir uns wieder. Wir können leiden und Angst verspüren. »Da, wo sie sich aufhielt«, wird uns gesagt, »war alles klar, von einer transparenten Klarheit, und gewiss verbreitete sich diese Klarheit weit über sie hinaus. Verließ man das Zimmer, so herrschte noch immer die gleiche ruhige Klarheit; der Gang lief nicht Gefahr, unter den Schritten zu zerbröckeln, die Mauern blieben weiß und fest, die Lebenden starben nicht, die Toten erstanden nicht auf, und weiter entfernt galt das gleiche, es war immer noch genauso klar, vielleicht weniger ruhig oder im Gegenteil von einer noch tieferen, ausgedehnteren Stille, der Unterschied war unmerklich. Unmerklich war bei weiterem Vordringen auch der Schleier des Schattens, der durch das Licht hindurchging; aber es gab bereits seltsame Unregelmäßigkeiten, bestimmte Plätze waren in Dunkelheit versunken, menschlicher Wärme beraubt, nicht mehr benutzbar, während genau daneben heitere, sonnige Oberflächen erstrahlten.« (S. 68f.) Trotz der ungreifbaren Leere, die die »Besonderheit« des »letzten Menschen« bestimmt hat, ist die »junge Frau« tatsächlich *im Leben* geblieben. Oder sie ist zumindest nur durch jenes »unmerkliche« Gleiten vom Leben getrennt, das von dem »durch weiße und feste Mauern« begrenzten Raum zu jenem »Schleier des Schattens« reicht, zu jenem Schleier des Todes, wo eben jener selbst unmerklich verschwindet, den sie »den Lehrer« nennt. Aber in dem Maß, in dem ihre Bleibe das Leben ist, erhält ihre Präsenz an der Seite dessen, der stirbt, den Charakter des Verschwindens im Tod aufrecht: Wer könnte verschwinden, wenn nichts neben ihm weiterhin erschiene?

Die junge Frau ist der Ort einer doppelten Bewegung.

Sie erscheint plötzlich im Licht. Dieses Licht fällt auf eine entfliehende Realität, die dennoch nicht aufhört, weiterhin real zu sein. Der Erzähler beschwört diese Frau herauf, die er berührt und umklammert. Er sagt: »Ich konnte fühlen, welche Verzweiflung in dem plötzlichen Schrecken lag, der sie aus jenem Augenblick der Nacht auffahren ließ, da ich sie berührt hatte. Jedes Mal, wenn ich darauf zurückkam, empfand ich erneut den wunderbaren Charakter dieser Bewegung in mir, die Empfindung der Freude, die ich verspürt hatte, als ich sie wieder umfasste, der Erleuchtung, als ich ihre Verwirrung umklammerte, als ich ihre

Tränen fühlte, und ich empfand, dass ihr Traumkörper kein Bild war, sondern eine von Schluchzen geschüttelte Intimität.«

Das Aufblitzen dieser Realität der Tränen löst sich genau von der Leere ab. Mehr noch, durch die Realität der Tränen hindurch werden die Leere und das Vergessen, die sich ausdehnen, plötzlich greifbar. Die Leere ist nichts, das Vergessen ist nichts: Wenn das Schluchzen der Leere vorausgeht, wenn es dem Vergessen vorausgeht, so sind die Leere und das Vergessen die Absenz des Schluchzens. Dieser Ort, an dem verschwindet, was faszinierte, der noch stärker fasziniert oder noch fremdartiger: Er ist das Verschwinden selbst, das sich vollbringt und sich behauptet, das wächst, bis es jene bezaubert und verflüchtigt, die es bezaubert.

Indessen gehört jener, der in diesen doppelten Bewegungen verstört nach dem sucht, was ihm entgleitet, nicht mehr zu jener »Welt, in der wir leben«, in der ihm niemals die Möglichkeit fehlte, sich zu bestätigen und »ich« zu sagen. Er geht ein in die »Welt, in der wir sterben«, in der das »Ich« versinkt und allein ein »Wir« fortdauert, das niemals reduziert werden kann. Das sterbende »Ich« – vom Tod gejagt und umstellt – ist dazu verurteilt, in ein Schweigen, in eine Leere zu fallen, die es nicht erträgt. Als Komplize des Schweigens und der Leere befindet es sich jedoch in dem Einflussbereich einer Welt, in der es nichts gibt, was sich nicht verliert.

Beim Eintritt in diese ungreifbare Welt, in die Welt des Verschwindens, bringt der Erzähler noch ein Gefühl zum Ausdruck. Noch einmal bezieht er es auf sich selbst, aber vergebens, denn das Verschwinden absorbiert ihn, oder er absorbiert sich in seinem Verschwinden. »Ein Gefühl ungeheuren Glücks – das ich nicht vertreiben kann –, das das ewige Strahlen dieser Tage ist, das vom ersten Augenblick an begonnen hat, das ihm immer noch und für immer Dauer verleiht. Wir bleiben zusammen. Wir leben uns selbst zugewandt, gleich einem Berg, der sich rauschhaft von Weltall zu Weltall erhebt. Ohne Halt und ohne Grenze, ein immer berauschterer und immer ruhigerer Rausch. ›*Wir*‹: dieses Wort wird auf ewig verherrlicht, es steigt ohne Ende empor, es schiebt sich zwischen uns wie ein Schatten, es ist unter dem Augenlid, wie der Blick, der immer schon alles gesehen hat.« (S. 113)

Wir müssen uns hier mit der seltsamen Bedeutung des Todes befassen, die auf der Möglichkeit beruht, ihn vom Leiden zu trennen. Die junge Frau der Erzählung gibt dem Erzähler zu verstehen, was ihre Bewegung angesichts des Todes bedeutet.

»›Sterben, ich glaube, das könnte ich, aber leiden, nein, das kann ich nicht.‹ – ›Sie haben Angst zu leiden?‹ Ein Schauder durchfuhr sie. ›Ich habe keine Angst davor, ich kann es nicht, ich kann es nicht.‹ In dieser Antwort hatte ich damals nur eine verständliche Befürchtung gesehen, aber vielleicht hatte sie etwas ganz anderes sagen wollen, vielleicht hatte sie in diesem Augenblick die Wirklichkeit jenes Leidens zum Ausdruck gebracht, das man nicht erleiden konnte, und vielleicht hatte sie hier einen ihrer geheimsten Gedanken verraten: dass auch sie seit langem tot wäre – so viele Menschen um sie herum waren dahingegangen – wenn es sich, um zu sterben, nicht darum gehandelt hätte, eine solche Dichte nicht tödlicher Leiden zu durchmessen, und wenn sie nicht das Entsetzen verspürt hätte, sich in einem so dunklen Raum des Schmerzes zu verirren, dass sie niemals wieder herausfände.«

Am Ende des ersten Teils besagt ein Einschub – »als sie starb« –, dass auf die Annäherung tatsächlich der Tod der jungen Frau erfolgt ist.

Der Erzähler selbst kann von ihrem Tod nicht sprechen, als er aber in dem Augenblick, in dem dieser Teil zu Ende geht, von »jenem engen Gang« spricht, »der Tag und Nacht vom gleichen weißen Licht durchrieselt war, ohne Schatten und ohne Tiefe, in dem sich wie in Krankenhausgängen ununterbrochen Geräusche tummelten«, fügt er hinzu, »Ich ging ihn mit dem Gefühl seines ruhigen, tiefen, gleichgültigen Lebens entlang und wusste, dass hier für mich die Zukunft lag, und dass ich keine andere Landschaft mehr hätte als diese saubere und weiße Einsamkeit; dass dort meine Bäume standen, sich dort das gewaltige Rauschen der Felder auftat, das Meer, der Himmel mit seinen dahinziehenden Wolken, ich wusste, dass dort, in diesem Tunnel die Ewigkeit meiner Begegnungen und Wünsche lag.«

Nur wenige Zeilen sind es noch, bis der zweite Teil, der abschließende Teil, beginnt, in dem die Erzählung einen ›erhabenen‹ Verlauf nimmt. Wenn ich dieses Wort benutze, so nicht in der Bedeutung von ›Lobrede‹ (für mich steht Maurice Blanchots kleines Buch jenseits und über jeder Lobrede), sondern in einem präzisen Sinn: Dieser Verlauf strebt in seiner Langsamkeit stetig zum Gipfel.

Ich habe mich bemüht, in einer schematischen Form den Inhalt des ersten Teils, der um vieles länger ist, wiederzugeben. Beim zweiten Teil werde ich diesen Versuch nicht mehr unternehmen. Nachdem ich den ersten Teil gewissermaßen zusammengefasst habe, befürchte ich, das Gefühl einer Fabrikation vermittelt zu haben. Auf jeden Fall habe ich durch die Zusammenfassung das verraten, was sich nicht zusammenfassen ließ: Wirklich in dieses Buch eindringen werden wir nur unter der Bedingung, dass es uns in seinen Windungen *irreführt. Darin wiederfinden* konnten wir uns nur, indem wir fälschlicherweise den Eindruck erweckten, es sei möglich, *sich darin nicht zu verlieren.* Was ich gesagt habe, ist vielleicht nicht weit von dem Denken des Autors entfernt und könnte auf dieses Denken abführen, aber dieses Denken lässt sich nicht *greifen:* Es *lässt* denjenigen sogar *los,* der darin eintritt. Der Anschein der Fabrikation, den die Zusammenfassung vermittelt, wird seiner Bewegung niemals gerecht. Von einem Ende zum anderen entgleiten wie bei einer Umwälzung die *langsam* hervorgestoßenen Sätze dem Schema, durch das man allerhöchstens deren Richtung ermessen kann: Sie werden stets durch eine Kraft hervorgestoßen, die sie beherrscht und die denjenigen beherrschte, der sie schrieb. Diese Kraft wird durch ihn zusammengehalten. Ohne eine Ruhe, die *nicht von dieser Welt* ist, zumindest nicht von dieser »Welt, in der wir leben«, hätte es kein Buch gegeben. Aber diese Kraft erfasst jenen, der die Energie aufbringt, mit einer Geduld zu lesen, die der des Schreibenden analog ist. Der von dieser Kraft Emporgehobene kann sie nicht besprechen. Er geht ein in diese »Welt, in der wir sterben«, in diese Welt des universellen Verschwindens, in der etwas nur erscheint um zu verschwinden, in der *alles* erscheint.

Aus dem zweiten Teil werde ich jenen Satz zitieren, der vielleicht den Sinn dieses »Wir« erhellt, das allein ein grenzenloses Verschwinden jener eröffnet, die es umfasst:

»Gegen dich, unbewegliches Denken, wird alles Gestalt annehmen, erstrahlen und verschwinden, was sich in uns von allen widerspiegelt. So haben wir hier die weiteste Welt, so spiegeln sich in jedem von uns alle wider in einem unendlichen Glitzern, das uns in eine strahlende Unendlichkeit projiziert, aus der jeder zu sich selbst zurückkehrt, in der Erleuchtung, nur ein Widerschein aller zu sein. Und der Gedanke, dass wir, dass jeder von uns nur der Widerschein des universellen Widerscheins ist, diese Antwort auf unsere Leichtigkeit macht uns trunken von dieser Leichtigkeit, macht uns immer leichter, leichter als uns in dieser unendlichen Spiegelwelt, die, von der Oberfläche bis zum kleinsten Funken, das ewige Kommen und Gehen unserer selbst ist.«

Würden wir diesen Satz im philosophischen Sinn auffassen, so müssten wir bei ihm verweilen und den genauen Wert der Worte abwägen. Aber ich habe bereits gesagt, dass das Denken, von dem *Le Dernier Homme* getragen ist, nicht philosophisch ist. Es könnte nicht in eine strenge Gedankenfolge eingereiht werden. Es gibt eine Strenge in diesem Denken (es ist die größtmögliche Strenge), aber diese Strenge zeigt sich nicht in Form einer Grundlegung und einer Konstruktion. Dieses Denken könnte nicht die Grundlage eines jener gebrechlichen Gebilde sein, das die traurige Verbohrtheit des Philosophen errichtet um den Preis, dass es sich sorgsam von dem Schicksal abwendet, das es später zum Zusammenbruch verurteilt. Das menschliche Denken kann sich nicht ganz der Arbeit verschreiben, es kann sich nicht von der Aufgabe vereinnahmen lassen, deren Ziel es ist, das zu beweisen, was der unaufhörliche Gang des

Denkens als falsch entlarven wird. Das Denken ist auf der Suche nach der Erscheinung, die es nicht voraussehen konnte und von der es von vornherein entbunden ist. Das Spiel des Denkens verlangt eine solche Kraft, eine solche Strenge, dass neben dieser die Kraft und die Strenge, die die Konstruktion verlangt, den Eindruck einer Erschlaffung vermitteln. Der freischwebende Akrobat ist strengeren Regeln unterworfen als der fest auf dem Boden stehende Maurer. Der Maurer *produziert,* aber nur bis zum Grenzwert des Unmöglichen: der Akrobat lässt sofort los, was er ergriffen hat. Er hält inne. Der Halt ist die Grenze, die er leugnen würde, wenn er die Kraft dazu hätte. Der Halt bedeutet, dass der Atem fehlt, und das Denken, das der Anstrengung des Denkens entspräche, wäre jenes, das wir erwarten würden, wenn am Ende der Atem nicht fehlte.

Alles findet in dieser »Welt, in der wir leben« in eine Ordnung, alles findet in seine Ordnung, und alles nimmt Gestalt an. Aber wir gehören zu der »Welt, in der wir sterben«.

Dort ist alles *ausgesetzt,* dort hat alles mehr Wahrheit, aber Zugang finden wir dorthin nur durch das Fenster des Todes.

Im Tod liegt etwas, das, vorausgeahnt, das Leben reduziert auf das Maß der scheinhaften Stabilität von unbeweglichen, festen Körpern, festen Körpern, die durch stabile Beziehungen verkettet werden. Wir sollten aber den Tod befreien von einem finsteren Geleit, das mit dem unsäglichen Schmerz beginnt und mit dem Gestank endet. Wir sollten Zugang gewinnen zu der strahlenden Ewigkeit, die er ist: Der universelle Tod ist *ewig*. *Le Dernier Homme* enthüllt eine Welt, zu der wir nur in einer rauschhaften Bewegung Zugang finden. Dieses Buch ist jedoch die Bewegung, in der wir, jeder Grundlage entzogen, vielleicht die Kraft haben, *alles* zu sehen.

Es ist schwierig, über *Le Dernier Homme* zu sprechen, so sehr entgleitet dieses Buch den Grenzen, innerhalb derer die meisten bleiben möchten. Wer aber die Lektüre auf sich nimmt, erkennt, dass ein Mensch vermochte, in einem Buch das Denken der Bewegung zu überantworten, die ihn von diesen Grenzen befreit. Unter der Bedingung, einer Drohung zu trotzen. Nicht nur dem Autor wird die Kraft der Entgegnung abverlangt: Könnte sich der Leser der unausweichlichen Prüfung entziehen? Die äußerste Lektüre könnte verlangen, dem die Stirn zu bieten, was diese Welt bedeutet – und die Existenz, die wir in ihr führen –, dem, was sie bedeuten in ihrer Sinnlosigkeit (wir unterscheiden sie nur aus Erschöpfung).

Über das Unvereinbare beim Schriftsteller (*Brief an René Char*)

Lieber Freund!

Die Frage, die Sie gestellt haben[1], hat für mich den Sinn einer Mahnung angenommen, auf die ich gewartet hatte, die noch zu vernehmen ich jedoch am Ende verzweifelte. Ich gewahre jeden Tag ein wenig besser, dass die Welt, in der wir leben, ihr Verlangen darauf beschränkt, zu schlafen. Doch ein *Wort* ruft zu geeigneter Zeit eine Art krampfhafte Unruhe und Zusammenraffung hervor.

Es geschieht jetzt ziemlich oft, dass der Ausgang nahe zu sein scheint: ein Bedürfnis, zu vergessen, nicht mehr zu reagieren, siegt in solchem Augenblick über die Lust, weiterzuleben … Über das Unvermeidliche nachdenken oder nicht mehr einfach zu schlafen versuchen: der Schlaf scheint vorzuziehen. Wir haben der Unterwerfung derer beigewohnt, die mit einer zu schwierigen Situation nicht fertig werden. Aber waren die, die beschrien, die wachsten? Was kommt, ist so befremdlich, so weitreichend, so wenig der Erwartung angemessen … In dem Augenblick, wo das sie lenkende Geschick Gestalt annimmt, verlassen sich die meisten Menschen auf die Abwesenheit. Die, die entschlossen scheinen, bedrohlich, ohne ein Wort der Maske, haben sich freiwillig in der Nacht der Intelligenz verloren. Aber die Nacht, in der sich jetzt der Rest der Erde niederlegt, ist noch dichter: dem dogmatischen Schlaf der einen setzt sich die blutlose Konfusion der anderen entgegen, ein Chaos unzähliger trüber Stimmen, die sich erschöpfen in der Schläfrigkeit derer, die zuhören.

Meine müßige Ironie ist vielleicht eine noch tiefgreifendere Weise, zu schlafen … Doch ich schreibe, ich spreche, und ich kann mich nur freuen über die Gelegenheit, Ihnen zu *antworten* und sogar mit Ihnen zusammen den Augenblick des Erwachens zu *wollen*, in dem zumindest diese universale Konfusion nicht mehr akzeptiert wird, die jetzt aus dem Denken selber ein Vergessen macht, eine Torheit, ein Hundegekläff in der Kirche.

Was mehr ist, indem ich die Frage beantworte, die Sie gestellt haben, habe ich das Gefühl, den Gegner endlich zu treffen – der sicherlich nicht der oder jener ist, sondern die Existenz im ganzen, die das *Verlangen* versacken lässt, einschläfert und ertränkt –, und ihn in dem Punkt zu treffen, wo er es sein muss. Sie laden dazu ein, Sie fordern dazu auf, die Konfusion zu verlassen … Vielleicht kündigt ein Übermaß an, dass es an der Zeit ist. Wie ist es auf die Dauer zu ertragen, dass das *Handeln unter so unglücklichen Formen* das Leben ganz und gar zum Verschwinden bringt?

Ja, vielleicht ist es jetzt an der Zeit, die Unterordnung zu denunzieren, die Knechtsgesinnung, mit der das menschliche Leben unvereinbar ist: eine Unterordnung und Gesinnung, die von jeher hingenommen wurden, deren Übermaß uns jedoch heute dazu nötigt, uns auf luzide Weise davon abzusetzen. Auf luzide Weise! – das heißt wohlgemerkt ohne die geringste Hoffnung.

Wenn man so redet, läuft man eigentlich immer Gefahr, zu täuschen. Doch Sie wissen mich eben so weit von der Niedergeschlagenheit wie von der Hoffnung entfernt. Ich habe ganz einfach gewählt, *zu leben:* Ich staune alle Augenblicke darüber, zu sehen, wie hitzige und tatendurstige Menschen sich über die Lebenslust hinwegsetzen. Diese Menschen verwechseln ersichtlich das Handeln mit dem Leben, ohne noch zu bemerken, dass das Handeln, das das notwendige Mittel zur Lebenserhaltung ist, nur so weit annehmbar ist, als es zurücktritt oder doch zurücktreten will vor der »leuchtenden Mannigfaltigkeit«, von der Sie sprechen, die nicht und niemals auf das Nützliche beschränkt werden kann.

Die Schwierigkeit, das Handeln seinem Zweck unterzuordnen, rührt daher, dass das einzig annehmbare das am schnellsten wirksame ist. Daher zuerst der Vorteil, sich ihm maßlos hinzugeben, zu lügen und hemmungslos zu sein. Wenn alle Menschen akzeptierten, so wenig zu handeln, wie die Notwendigkeit ihrer Gesamtheit gebietet, wären Lüge und Brutalität überflüssig. Der übermäßige Hang zum Handeln und die Rivalitäten, die sich daraus herleiten, machen die größere Wirksamkeit der Lügner und der Blinden aus. Deshalb vermögen wir unter den gegebenen Umständen nichts, um da herauszugelangen: Um das Übel des exzessiven Handelns zu heilen, muss man oder müsste man handeln! Wir tun also niemals etwas anderes, als verbal und vergebens die zu verurteilen, die lügen und die Ihren verblenden. Alles verdirbt in dieser Vergeblichkeit. Niemand kann das Handeln anders als im Schweigen verurteilen – oder in der Poesie – indem er sein Fenster auf das Schweigen öffnet. Denunzieren, protestieren ist noch handeln, und es heißt zugleich, sich den Erfordernissen des Handelns zu entziehen!

Niemals, scheint mir, werden wir gut genug eine erste Unvereinbarkeit dieses *unermesslichen Lebens* zum Ausdruck bringen (ich spreche von dem, was *im Ganzen*, was jenseits der produktiven Tätigkeit im Durcheinander das Analogon der Heiligkeit ist), das allein zählt und allein der Sinn aller Menschlichkeit ist – und folglich des *maßlosen Handelns* selber. Das Handeln kann natürlich nur Wert haben *in dem Maße,* in dem es die Menschlichkeit zum Beweggrund hat, aber kaum je akzeptiert es dieses Maß: denn von allen Opiaten verschafft das Handeln den bleiernsten

Schlaf. Der Platz, den es einnimmt, lässt an die Bäume denken, vor denen man den Wald nicht sieht, die sich für den Wald ausgeben.

Darum scheint es mir glücklich, dass wir uns der Zweideutigkeit entgegenstellen und, da wir *nicht wirklich handeln können*, uns ohne Umschweife entziehen. Ich sage: wir, aber ich denke an Sie, an mich, an die, die uns gleichen. Die Toten den Toten überlassen (außer es sei unmöglich), und das Handeln (wenn es möglich ist) denen, die es leidenschaftlich gern mit dem Leben verwechseln.

Ich möchte damit nicht sagen, dass wir in allen Fällen auf das Handeln verzichten sollen, wir werden sicher niemals versäumen, uns den kriminellen oder unvernünftigen Handlungen zu widersetzen, aber wir müssen es klar erkennen: da das rationale und (vom allgemeinen Gesichtspunkt der Menschlichkeit aus) annehmbare Handeln, wie vorauszusehen war, denen anheim fällt, die *maßlos* handeln, und dadurch vom anfänglich rationalen dialektisch in sein Gegenteil verwandelt zu werden droht, können wir uns dem nur unter einer Bedingung widersetzen: wenn wir uns an die Stelle derer setzen, oder vielmehr, wenn wir das Herz und die Macht haben, uns an die Stelle derer zu setzen, deren Methoden wir nicht lieben.

Blake sagt es ungefähr so: Sprechen, ohne zu handeln, brütet Pestilenz.

Diese Unvereinbarkeit des unermesslichen Lebens und des maßlosen Handelns ist in meinen Augen entscheidend. Wir stoßen hier auf das Problem, dessen Umgehung zweifellos zu dem blinden Lauf der gegenwärtigen Menschheit beisteuert. So seltsam das zunächst scheint, ich glaube, dass diese Umgehung die unvermeidliche Konsequenz des Niedergangs der Religion war. Die Religion stellte dieses Problem: besser, das war ihr Problem. Aber sie hat Schritt für Schritt das Feld des profanen Denkens aufgegeben, das *es noch nicht zu stellen wusste*. Wir können das nicht bedauern, denn indem die Religion es autoritär stellte, stellte sie es schlecht. Vor allem stellte sie es auf zweideutige Weise – im Jenseits. In seinem Prinzip blieb das Handeln das Geschäft *dieser* Welt ...: alle seine wahren Zwecke blieben himmlisch. Am Ende sind wir es, die das Problem in strenger Form zu stellen haben.

So führt Ihre Frage mich dazu, nach meiner zu allgemeinen Behauptung zu versuchen, aus meiner Sicht die aktuellen Gegebenheiten und die Tragweite der Unvereinbarkeit zu präzisieren, die mir grundlegend zu sein scheint.

Man erfasst noch nicht deutlich genug, dass gegenwärtig die Debatte über Literatur und Engagement ausschlaggebend ist, auch wenn sie dem Anschein nach misslungen ist, Aber eben, wir können da nicht stehen bleiben. Ich glaube, dass es in erster Linie wichtig ist, zu bestimmen, was die Literatur ins Spiel bringt, die nicht darauf reduziert werden kann, einem Herrn zu dienen. *Non serviam*, sagt man, ist die Devise des Teufels. In diesem Fall ist die Literatur diabolisch.

Ich würde an diesem Punkt gern alle Reserve fahren lassen und die Leidenschaft in mir sprechen lassen. Das ist schwierig. Es heißt, mich auf die Ohnmacht gefasst zu machen, die zu große Wünsche erregen. Ich möchte vermeiden, gerade insoweit als die Leidenschaft mich zum Sprechen bringt, auf die müde Ausdrucksweise der Vernunft zu rekurrieren. Wie dem auch sei, zumindest *Sie* werden als erstes spüren können, dass mir das eitel, ja unmöglich scheint. Ist es obskur, wenn ich sage, dass ich bei dem Gedanken, scharfsinnig von diesen Dingen zu sprechen, ein großes Unbehagen empfinde? Aber ich wende mich an Sie, der Sie durch die Armseligkeit vernünftiger Worte hindurch gleich das erblicken werden, was meine Vernunft nur illusorisch erfasst.

Von dem, was ich bin, was meinesgleichen ist oder die Welt, in der wir sind, scheint es mir angebracht, streng zu affirmieren, dass ich davon *nichts* wissen kann: Undurchdringlicher Schein, ärmliches Licht, flackernd in einer Nacht ohne erdenkliche Grenzen, die von allen Seiten umhüllt. In meiner verwunderten Ohnmacht halte ich mich an einem Strick. Ich weiß nicht, ob ich die Nacht liebe, es kann sein, denn die vergängliche Menschenschönheit ergreift mich nur darum bis zur Unbehaglichkeit, weil ich die Nacht unergründlich weiß, aus der sie kommt, in die sie geht. Doch *liebe ich* die ferne Gestalt, die die Menschen in diesen Finsternissen umrissen haben und nicht aufhören, von sich zu hinterlassen! Sie entzückt mich und ich liebe sie, und es tut mir oft weh, sie zu sehr zu lieben: Noch in ihren Plagen, ihren Torheiten und Verbrechen scheint mir die schäbige oder sanfte und immer *verstörte* Menschlichkeit eine berauschende Herausforderung. Nicht Shakespeare, sondern SIE ist es, die diese Schreie hatte, um sich zu zerreißen, auch wenn SIE ohne Ende verrät, was sie ist, was sie erschöpft. SIE ist *am ergreifendsten* in der Plattheit, wenn die Nacht schmutziger wird, wenn der Schrecken der Nacht die Wesen in einen riesigen Auswurf verwandelt.

Man spricht mir von meinem »unerträglichen« Universum, als ob ich in meinen Büchern Wunden vorzeigen wollte, wie es die Unglücklichen machen. Gewiss gefalle ich mir scheinbar darin, die vielfältigen Zufluchtsmittel, die uns zu *ertragen* helfen, zu verleugnen, wenigstens zu vernachlässigen und für nichts zu halten. Ich verachte sie weniger, als mir scheinen mag, aber ganz sicher beeile ich mich, das bisschen Leben, das mir zufällt, dem *hinzugeben,* was sich *auf göttliche Weise* vor uns zurückzieht und sich dem Willen entzieht, die Welt auf die Effizienz der Vernunft zu reduzieren. Ohne das Geringste gegen die Vernunft und die rationale Ordnung zu haben (in den zahlreichen Fällen, in denen es ersichtlich angebracht ist, bin ich wie die anderen für die Vernunft und die rationale Ordnung), wüsste ich nicht, dass in dieser Welt jemals etwas *verehrungswürdig* erschienen wäre, was nicht das Bedürfnis des Nutzbarmachens überstiege, nicht im Bezaubern verwüstete und erstarren machte, mit einem Wort, was nicht auf dem Punkt stünde, nicht mehr ertragen werden zu können. Vielleicht habe ich Unrecht darin, da ich mich eindeutig auf den Atheismus beschränkt weiß, von dieser Welt niemals weniger verlangt zu haben, als die Christen von Gott verlangten. Hatte die Idee Gottes selbst, als sie die logische Aufgabe hatte, die Welt zu erklären, nicht etwas, das erstarren machte? War sie nicht selbst »unerträglich«? Mit um so größerem Recht *das, was ist,* von dem wir nichts wissen (außer in abgelösten Stücken), das nichts erklärt und für das die Ohnmacht oder der Tod des Menschen der einzige genügend erfüllte Ausdruck ist. Ich zweifle nicht daran, dass wir uns, wenn wir uns von dem entfernen, was beruhigt, uns selbst annähern, diesem göttlichen Augenblick, der in uns stirbt, der schon die Fremdheit des Lachens hat, die Schönheit eines beklemmenden Schweigens. Wir wissen es seit langem: Es gibt nichts, was wir in Gott finden, das wir nicht auch in uns finden könnten. Ganz gewiss, in dem Maße wie das Handeln ihn nicht neutralisiert hat, ist der Mensch Gott, in einer beständigen Begeisterung einer »unerträglichen« Freude hingegeben. Doch zumindest der neutralisierte Mensch hat nichts mehr von dieser beängstigenden Würde: allein die Kunst erbt heute, unter unseren Augen, die *rauschhafte* Rolle und Eigenschaft der Religionen: Die Kunst ist es heute, die uns verklärt und zernagt, die uns vergöttlicht und verspottet, die durch ihre vorgeblichen Lügen eine Wahrheit ausdrückt, die endlich ohne präzisen Sinn ist.

Ich weiß sehr wohl, dass das menschliche *Denken* sich unvermindert abkehrt von dem Gegenstand, von dem ich spreche, der das ist, *was wir auf souveräne Weise sind*. Es tut das mit Sicherheit: unsere Augen kehren sich nicht weniger notwendig von der blendenden Sonne ab.

Für diejenigen, die sich darauf beschränken wollen, nur zu sehen, was die Augen der Schlechtweggekommenen sehen, handelt es sich um den Rausch eines Schriftstellers ... Ich hüte mich, zu protestieren. Doch ich wende mich an Sie und durch Sie an die, die uns gleichen, und Sie wissen besser als ich, wovon ich spreche, da Sie mir gegenüber den Vorteil haben, niemals darüber zu *diskutieren*. Glauben Sie, dass ein solcher Gegenstand von denen, die ihn angehen, verlangt, dass sie wählen? Ein oft gering geschätztes Buch, das nichtsdestoweniger Zeugnis ablegt von einem der extremen

Augenblicke, in denen das menschliche Schicksal sich sucht, sagt, dass niemand zwei Herren dienen kann. Ich würde eher sagen, dass niemand, welche Lust er auch dazu haben mag, *einem Herrn* (wer immer er sei) dienen kann, ohne in sich die Souveränität des Lebens zu verleugnen. Dennoch ist die Unvereinbarkeit, die das Evangelium formuliert, anfänglich und trotz des nützlichen Charakters des Richters und Wohltäters, der Gott zugeschrieben wird, die der praktischen Tätigkeit und des Gegenstands, von dem ich spreche.

Man kann zwangsläufig nicht auf die nützliche Tätigkeit verzichten, aber ein anderes ist es, der traurigen Notwendigkeit zu entsprechen, und dieser Notwendigkeit den Vortritt zu geben in den Urteilen, die über unser Verhalten entscheiden. Ein anderes, aus der Mühe der Menschen den höchsten Wert und den höchsten Richter zu machen, und als *Souverän* nur meinen Gegenstand zuzulassen. Das Leben wird einerseits, in einer unterwürfigen Haltung, als Auftrag und Quelle der Verpflichtung akzeptiert: Eine *negative* Moral antwortet dann dem knechtischen Bedürfnis nach einem Zwang, den niemand ohne Verbrechen bestreiten dürfte. Nach der anderen Ansicht ist das Leben Verlangen nach dem, was unermesslich geliebt werden kann, und die Moral *ist positiv:* sie legt ausschließlich dem Verlangen und seinem Gegenstand Wert bei. Es ist üblich, eine Unvereinbarkeit der Literatur mit der Infantilmoral zu behaupten (mit guten Gefühlen macht man keine gute Literatur, sagt man). Müssen wir nicht, um klar zu sein, im Gegenteil betonen, dass die Literatur, *wie der Traum* der Ausdruck des Verlangens ist – des *Gegenstands* des Verlangens – und dadurch des Fehlens von Zwang, der unbesonnenen Insubordination?

»Die Literatur und das Recht auf den Tod« bestreitet den Ernst der Frage: »Was ist die Literatur?«, die »immer nur belanglose Antworten erhalten« hat. »Die Literatur ... scheint das Element der Leere zu sein ..., dem sich die Reflexion mit ihrer eigenen Gewichtigkeit nicht zuwenden kann, ohne ihren Ernst zu verlieren.«[2] Aber können wir von diesem Element nicht sagen, dass es gerade der Gegenstand ist, von dem ich spreche, der, absolut souverän, aber sich allein in der Sprache manifestierend, innerhalb dieser Sprache nur eine Leere ist, da die Sprache »bedeutet« und die Literatur den Sätzen das Vermögen entzieht, etwas anderes als meinen Gegenstand zu bezeichnen? Indes, wenn ich soviel Mühe habe, von diesem Gegenstand zu sprechen, dann deshalb, weil er sogar von dem Augenblick an, in dem ich von ihm *spreche,* nicht mehr erscheint, da die Sprache, wie es scheint, »ein ganz bestimmtes Moment der Tätigkeit und ... außerhalb dieser Tätigkeit nicht zu begreifen« ist.[3]

Unter diesen Umständen ist das Elend der Literatur groß: Es ist eine Verwirrung, die sich aus dem Unvermögen der Sprache ergibt, das Unnütze, das Überflüssige zu bezeichnen, nämlich die menschliche Haltung, die über die nützliche Tätigkeit hinausweist (oder die im Modus des Nützlichen betrachtete Tätigkeit). Doch für uns, deren bevorzugte Sorge in der Tat die Literatur war, zählt nichts so sehr wie die Bücher – die wir lesen oder schreiben – außer dem, was sie aufs Spiel setzen: und so nehmen wir dieses unvermeidliche Elend auf uns.

Schreiben ist nichtsdestotrotz das Vermögen in uns, der verwirrenden, entzückenden und erschreckenden Erscheinung – die der Mensch nicht aufhört, für sich selbst zu sein – einen Zug hinzuzufügen. Wir wissen sehr wohl, dass die Menschheit die Gestalten, die wir schaffen, leicht entbehren kann: doch selbst den Fall gesetzt, dass das literarische Spiel ganz vom Handeln unterjocht und unterworfen würde – das Wunder geschieht noch immer! Die unmittelbare Ohnmacht der Unterdrückung und der Lüge ist sogar größer als die der authentischen Literatur: nur dass sich das Schweigen und die Finsternis verbreitern.

Gleichwohl, dieses Schweigen, diese Finsternis bereiten den zerrissenen Lärm und den flackernden Lichtschein neuer Gewitter, bereiten die *Wiederkehr* souveräner Verhaltensweisen vor, die nicht auf die Versandung des Nutzens zurückzuführen sind. Es gehört zum Schriftsteller, nur die Wahl zu haben zwischen dem Schweigen und dieser gewittrigen Souveränität. Unter Ausschluss anderer wichtiger Sorgen vermag er nichts als diese – unzähligen und unwahren – faszinierenden Gestalten zu schaffen, die der Rückgriff auf die »Bedeutung« der Sprache vertreibt, in denen aber die verlorene Menschlichkeit sich wiederfindet. Der Schriftsteller verändert nicht die Notwendigkeit, die Unterhaltsmittel sicherzustellen – und ihre Verteilung unter den Menschen –, er kann auch nicht die Unterordnung eines Bruchteils der verfügbaren Zeit unter diese Zwecke verneinen, doch setzt er selbst die Grenzen der Unterwerfung fest, die zwangsläufig ebenso eingeschränkt wie unvermeidlich ist. In ihm, durch ihn lernt der Mensch, dass er für immer ungreifbar bleibt, da er seinem Wesen nach unvorhersehbar ist, und dass die Erkenntnis sich schließlich auflösen muss in der Schlichtheit der Empfindung. In ihm und durch ihn ist die Existenz ganz allgemein das, was das Mädchen für den Mann ist, der es begehrt, ob es ihn nun liebt oder fernhält, ihm Lust bringt oder Verzweiflung. Die Unvereinbarkeit der Literatur und des verpflichtenden Engagements ist also die des genau Entgegengesetzten. Niemals schrieb ein Engagierter etwas, was nicht Lüge war, oder was nicht das Engagement überschritt. Wenn es sich anders zu verhalten scheint, dann handelt es sich um ein Engagement, das nicht das Ergebnis einer Wahl ist, die einem Gefühl der Verantwortlichkeit oder der Verpflichtung entsprach, sondern die Wirkung einer Leidenschaft, eines unüberwindlichen Verlangens, *die niemals eine Wahl ließen*. Das Engagement, das seinen Sinn und seine zwingende Kraft von der Furcht vor Hunger, vor Knechtschaft oder dem Tod anderer bezieht, von der *Mühsal der Menschen*, entfernt vielmehr von der Literatur, die demjenigen armselig – oder schlimmer – erscheint, der dem Zwang eines unbestreitbar dringenden Handelns folgt, dem sich nicht ganz und gar zu widmen feige oder leichtsinnig wäre. Wenn es einen Grund zum Handeln gibt, muss man ihn so wenig literarisch wie möglich angeben.

Es ist klar, dass der authentische Schriftsteller, der nicht aus erbärmlichen oder uneingestehbaren Gründen schreibt, aus seinem Werk keinen Beitrag zu den nützlichen Vorhaben der Gesellschaft machen kann, ohne in Plattheit zu verfallen. Genau in dem Maß, in dem es dienen würde, würde ein solches Werk die souveräne Wahrheit verfehlen. Es beschritte die Richtung einer resignierten Unterwerfung, die nicht nur das Leben eines Menschen oder einer großen Zahl tangierte, sondern das, was menschlich souverän ist.

Allerdings kann die Unvereinbarkeit von Literatur und Engagement, so grundlegend sie ist, nicht stets gegen die Tatsachen behauptet werden. Es kommt vor, dass der Teil, der vom nützlichen Handeln beansprucht wird, sich auf das ganze Leben erstreckt. In der Gefahr, der Dringlichkeit oder der Demütigung gibt es keinen Platz mehr für das Überflüssige. Aber von da an *gibt es auch keine Wahl mehr.* Man hat zu Recht den Fall von Richard Wright angeführt: Ein Schwarzer aus dem Süden der USA könnte nicht aus der Zwangslage heraustreten, die auf seinen Mitbürgern lastet und aus der heraus er schreibt. In diesem Zusammenhang hat Jean-Paul Sartre bemerkt: »Wright, der für ein zwiespältiges Publikum schreibt, hat an diesem Zwiespalt festgehalten und ihn gleichzeitig zu überwinden gewusst: er hat aus dieser Tatsache ein Kunstwerk gemacht.«[3] Im Grunde ist es keineswegs befremdlich, dass ein Theoretiker des Engagements der Schriftsteller das Kunstwerk – eben das, was nutzloserweise die gegebenen Bedingungen *überwindet* – jenseits des Engagements ansiedelt, noch dass ein Theoretiker der Wahl selbst auf der Tatsache besteht, dass Wright keine Wahl hatte – ohne daraus die Konsequenzen zu ziehen. Was peinlich ist, ist die freie Bevorzugung, wenn noch nichts von außen gefordert ist und der Autor aus Überzeugung wählt, vor allem ein Werk der Proselytenmacherei zu schaffen: er leugnet ausdrücklich den Sinn und die Tatsache eines Spielraums nutzloser Leidenschaft, müßiger und souveräner Existenz, der *als ganzes* das Erbteil der Menschlichkeit ist. Die Chance ist dann geringer, dass entgegen seiner Absicht dieser Spielraum sich wiederfindet in Gestalt eines authentischen Kunstwerks, wie im Fall von Wright, dessen

Predigen am Ende nur ein Vorwand ist. Wenn wirkliche Dringlichkeit herrscht, wenn die Wahl nicht mehr gegeben ist, bleibt es dennoch möglich, vielleicht stillschweigend, sich die Wiederkehr des Augenblicks vorzubehalten, in dem die Dringlichkeit aufhören wird. Allein die Wahl, die frei ist, *ordnet* dem Engagement das *unter,* was, da souverän, nur auf souveräne Weise sein kann.

Es kann müßig scheinen, sich solange bei einer Doktrin aufzuhalten, die gewiss nur ängstliche Geister erreichte, die eine zu große, zu ungewisse Freiheit des Temperaments verwirrte. Überdies ist das mindeste, was man von ihr sagen kann, dass sie keine genaue und strenge Forderung begründen konnte: in der Praxis musste alles im Vagen bleiben, und wie die natürliche Inkohärenz nachhalf … Andererseits hat der Autor selbst implizit den Widerspruch erkannt, an dem er scheitert: seine ganz persönliche Moral ist eine der Freiheit in Bezug auf die Wahl, aber der Gegenstand der Wahl ist stets … ein Moment der traditionellen Moral. Die eine und die andere Moral sind autonom, und man sieht bis heute nicht die Möglichkeit, von einer zur anderen überzugehen. Dieses Problem ist kein oberflächliches: Sartre selbst gesteht es zu, das Gebäude der alten Moral ist wurmstichig, und sein Denken erschüttert es vollends …

Wenn ich auf diesen Wegen weitergehend zu den allgemeinsten Aussagen gelange, so zeigt sich an erster Stelle, dass das Lospreschen des Engagementdepps das Gegenteil von dem verdeutlicht, was er erstrebte (ich habe die Gegenspur aufgenommen von dem, was Sartre über die Literatur sagt: sogleich schlössen sich die Perspektiven auf ungezwungene Art zusammen). An zweiter Stelle scheint es mir angebracht, die übliche Meinung über die *geringe* Bedeutung der Literatur nicht zu berücksichtigen.

Die Probleme, die ich behandelt habe, haben noch andere Konsequenzen, aber mir scheint, in der folgenden Form könnten wir nunmehr eine Unvereinbarkeit strenger fassen, deren Verkennung zugleich das Leben und das Handeln, die Literatur und die Politik herabwürdigte.

Wenn wir der Literatur den Vortritt geben, müssen wir gleichzeitig eingestehen, dass wir uns wenig um das Wachstum der Ressourcen der Gesellschaft bekümmern.

Wer immer die nützliche Tätigkeit – im Sinne eines allgemeinen Wachstums der Kräfte – lenkt, vertritt Interessen, die denen der Literatur entgegengesetzt sind. In der herkömmlichen Familie verschwendet der Dichter das Erbe und wird verfemt; wenn die Gesellschaft strikt dem Prinzip der Nützlichkeit gehorcht, dann vergeudet der Schriftsteller in ihren Augen die Ressourcen, es sei denn, er würde dem Prinzip der Gesellschaft dienen, die ihn ernährt. Persönlich verstehe ich den »Ehrenmann«, der es für gut hält, den Schriftsteller zu unterdrücken oder dienstbar zu machen: das will besagen, dass er die Dringlichkeit der Situation ernst nimmt, und vielleicht ist es schlicht der Beweis dieser Dringlichkeit.

Der Schriftsteller kann, ohne abzudanken, mit einem rationalen politischen Handeln im Sinn eines Wachstums der gesellschaftlichen Kräfte einverstanden sein (er kann es sogar in seinen Schriften unterstützen), wenn es eine Kritik und Negation dessen ist, was tatsächlich praktiziert wird. Wenn seine Parteigänger die Macht haben, hat er die Möglichkeit, es nicht zu bekämpfen, nicht zu schweigen, doch er unterstützt es nur in dem Maße, wie er sich selbst verleugnet. Unterstützt er es, so kann er seiner Haltung die Autorität seines Namens geben, aber der Geist, ohne den der Name keine Bedeutung hätte, kann nicht mitkommen; der Geist der Literatur ist immer, ob der Schriftsteller es will oder nicht, auf der Seite der Vergeudung, des Fehlens eines bestimmten Ziels, der Leidenschaft, die ohne anderen Zweck nagt als um ihrer selbst willen, ohne anderen Zweck, als um zu nagen. Da jede Gesellschaft im Sinn der Nützlichkeit gelenkt werden muss, ist die Literatur, will sie nicht nachsichtig als kleine Entspannung betrachtet werden, stets dieser Lenkung entgegengesetzt.

Entschuldigen Sie, wenn ich zuletzt, um meine Gedanken zu präzisieren, diese gewiss peinlich theoretischen Erwägungen anfüge.

Es handelt sich nicht mehr darum, zu sagen: der Schriftsteller hat recht, die herrschende Gesellschaft hat unrecht. Immer hatten beide recht und unrecht. Man muss ohne Agitation sehen, was daran ist: zwei unvereinbare Bestrebungen bestimmen die gesellschaftliche Ökonomie, die die *Beherrschten* stets den *Herrschenden* entgegensetzen wird. Die Herrschenden suchen so viel wie möglich zu produzieren und die Konsumtion zu reduzieren. Diese Aufteilung findet sich übrigens in jedem von uns wieder. Wer beherrscht wird, will so viel wie möglich konsumieren und arbeitet so wenig wie möglich. Die Literatur aber ist Konsumtion. Und im ganzen gesehen, stimmen die Literaten von Natur aus überein mit denen, die es lieben, zu verschwenden.

Was immer wieder verhindert, diese Entgegensetzung und diese grundlegende Verwandtschaft zu bestimmen, ist die Tatsache, dass auf der Seite der Konsumenten gewöhnlich jedermann mal hü und mal hott schreit. Und was mehr ist, die Stärksten haben sich um die Wette eine Macht oberhalb der Lenkung der Ökonomie angemaßt. In der Tat, König und Adel, die dem Bürgertum die Sorge überließen, die Produktion zu lenken, bemühten sich, einen großen Teil der Konsumgüter abzuschöpfen. Die Kirche, die im Verein mit den Herren die Sorge übernahm, dem Volk souveräne Gestalten voranzustellen, benutzte ein ungeheures Prestige zur Abschöpfung eines anderen

Teils. Die – königliche, feudale oder kirchliche – Macht der Herrschaftsform, die der Demokratie vorherging, hatte die Bedeutung eines Kompromisses, durch den die Souveränität, die ziemlich oberflächlich in zwei entgegengesetzte Bereiche, einen *geistlichen* und einen *zeitlichen,* aufgeteilt worden war, ungebührlicherweise in Dienst gestellt wurde, und zwar zugleich für das öffentliche Wohl und das Eigeninteresse der Macht. In Wahrheit wäre eine souveräne Haltung, die ungeschmälert wäre, dem Opfer benachbart, nicht der Beherrschung oder der Aneignung der Reichtümer. Die Macht, bzw. der Missbrauch, den der klassische Souverän damit trieb, ordnet die souveräne Haltung – die die Authentizität des Menschen oder nichts ist – anderem als sie selber unter, und natürlich ist sie nicht mehr authentisch, wenn sie anderes als sich selber zum Zweck hat (in summa will souverän besagen: nichts als sich selbst zum Zweck haben). Wenigstens ist nötig, dass der Augenblick, in dem sich die Souveränität manifestiert (versteht sich, nicht die der Autorität, sondern die des Einklangs mit dem unermesslichen Verlangen), auf eine entschiedene Weise die Oberhand gewinnt über die »politischen« und finanziellen Konsequenzen ihrer Manifestation. Allem Anschein nach schlug die Souveränität in zurückliegenden Zeiten die Götter und Könige mit Tod oder Ohnmacht. Die königliche Souveränität, deren Prestige ruiniert ist oder dabei, sich zu ruinieren, ist eine degradierte Souveränität, sie arrangiert sich seit langem mit der militärischen Macht, die dem Armeechef gehört. Nichts ist weiter von der Heiligkeit und der Gewalt eines authentischen Augenblicks entfernt.

Gewiss hatte die Literatur, die, wie die Kunst, einst die bescheidene Gehilfin der religiösen oder fürstlichen Prachtentfaltung war, damals keine Autonomie: sie entsprach lange Zeit Aufträgen oder Erwartungen, die ihre geringe Charakterstärke verrieten. Doch sobald sie in Abhebung von der Autoreneitelkeit die schlichte – in der tätigen Welt abirrende, unversöhnliche – Souveränität auf sich nimmt, gibt sie zu erkennen, was sie trotz vielfältiger Kompromisse immer gewesen ist: eine Regung, die den Zwecken einer nützlichen Gesellschaft gegenüber unnachgiebig ist. Oft spielt diese Regung eine Rolle in den niedrigsten Kalkulationen, aber nie ist sie prinzipiell darauf beschränkt, über den besonderen Fall hinaus, in dem sie es ist. In Wahrheit ist sie immer nur scheinbar heruntergekommen. Die Erfolgsromane, die unterwürfigsten Gedichte lassen die Freiheit der Poesie oder des Romans unberührt, die der Reinste immer noch erreichen kann. Wohingegen die legale Autorität durch eine unheilbare Verwechslung die Souveränität der Fürsten und der Priester ruiniert hat.

Indem er das Prestige dieser geschäftigen Priester und Fürsten erbt, bekommt der moderne

Schriftsteller sicher zugleich das reichste und das fürchterlichste Los zugeteilt: Mit gutem Recht nimmt die neue Würde des Erben den Namen der »Verfemung« an. Diese »Verfemung« kann eine glückliche sein (sei es auch zufälligerweise). Doch was der Fürst als legitimste und beneidenswerteste aller Wohltaten empfing, nimmt der Schriftsteller zuerst als Gabe zu seiner traurigen Thronbesteigung entgegen. Sein Teil ist zunächst das schlechte Gewissen, das Gefühl der Ohnmacht der Worte und – die Hoffnung, verkannt zu werden! Seine »Heiligkeit« und sein »Königtum«, vielleicht seine »Göttlichkeit« erscheinen vor ihm, um ihn tiefer zu demütigen: Weit entfernt davon, authentisch souverän und göttlich zu sein, wie er es ist, zerrüttet ihn die Verzweiflung oder, abgründiger, der Gewissensbiss, nicht Gott zu sein ... Denn seine göttliche Natur ist nicht authentisch: und dennoch hat er nicht die Muße, nicht Gott zu sein!

Geboren aus dem Verfall der heiligen Welt, die an verlogener und matter Prachtentfaltung starb, scheint die *moderne* Literatur bei ihrer Geburt dem Tode sogar näher als diese verfallene Welt. Dieser Schein trügt. Doch ist es schwer in entwaffnenden Umständen, sich allein als Salz der Erde zu fühlen. Der *moderne* Schriftsteller kann nur so in Beziehung zur produktiven Gesellschaft treten, dass er von ihr ein Reservat fordert, in dem das Nützlichkeitsprinzip nicht mehr herrscht, sondern in offener Weise die Verweigerung der »Bedeutung«, die Unsinnigkeit dessen, was dem Geist zuerst als begrenzter Zusammenhang gegeben ist, die Berufung auf eine Sensibilität ohne erkennbaren Inhalt, doch von so lebhafter Gefühlserregung, dass sie der Erklärung den Part der Lächerlichkeit überlässt. Aber niemand kann ohne Selbstverleugnung, besser: ohne Müdigkeit, auf den Glanz von Lügen zurückgreifen, die die des Königtums oder der Kirche kompensieren und sich davon nur in einem Punkt unterscheiden: dass sie sich von sich aus als erlogen hinstellen. Die Mythen der Religion oder des Königtums wurden wenigstens für wirklich gehalten. Doch die Sinnleere der modernen Literatur ist tiefer als die der Steine, da sie als Sinnleere der einzige erdenkliche Sinn ist, den der Mensch noch dem imaginären Gegenstand seines Verlangens verleihen könnte. Eine so vollkommene Selbstverleugnung verlangt die Gleichgültigkeit, oder vielmehr die Vollendung eines Toten. Wenn die Literatur das Schweigen der Bedeutungen ist, dann ist sie in Wahrheit das Gefängnis, aus dem alle Insassen ausbrechen wollen.

Doch als Gegenleistung für diese Leiden erntet der moderne Schriftsteller ein Privileg, das größer ist als das der Könige, deren Nachfolger er ist: jenes, auf die Macht zu verzichten, die das kleinere Privileg der Könige war, das größere Privileg, *nichts* zu vermögen und sich in der *akti-*

ven Gesellschaft von vornherein der Lähmung des Todes zu überlassen.

Zu spät heute, einen Ausweg zu suchen! Wenn der *moderne* Schriftsteller noch nicht weiß, was ihm obliegt – und die Redlichkeit, die Unerbittlichkeit, die klarsichtige Demut, die das erfordert –, so spielt das keine Rolle, doch er verzichtet dann auf einen souveränen Charakter, der unvereinbar ist mit dem Irrtum. Seine Souveränität, das musste er wissen, konnte ihm nicht helfen, sondern ihn zerstören, was er von ihr verlangen konnte, war, aus ihm einen lebendigen Toten zu machen, einen vielleicht fröhlichen, aber innerlich vom Tod zernagt.

Sie wissen, dass dieser ganze Brief der einzige wahre Ausdruck der Freundschaft ist, die ich für Sie empfinde.

Ist die Literatur nützlich?

Nichts ist heutzutage gewöhnlicher als die politische Dichtung. Sie entwickelte sich im Untergrund, über den hinaus sie fortleben möchte.

Hierzu möchte ich ein erstes Prinzip aufstellen.

Es gibt nichts Menschenmögliches, das nicht versucht werden müsste, solches nicht verdiente und nicht glücklich sein könnte. Ich habe ein unveröffentlichtes Gedicht des Aufstands vor mir liegen: Alles, was der Drang nach Freiheit im Kopf eines Achtzehnjährigen versammeln kann, schreit aus diesen Versen: »Wir werden mit dem Kopf gegen die Ecken der Grenzsteine anrennen …« heißt es. Das Übrige ist flammende Empörung. Über eine solche ungestüme Heftigkeit kann ich mich nur freuen.

Allerdings sehe ich keinen Grund, nicht ein zweites Prinzip hervorzuheben: Es betrifft besonders diesen Krieg. Dieser Krieg ist gegen ein Lebenssystem gerichtet, dessen Schlüssel die Propagandaliteratur ist. Es ist die Bestimmung des Faschismus, zu versklaven: unter anderem die Literatur auf einen Gebrauchswert zu reduzieren. Was heißt aber nützliche Literatur anderes, als die

Menschen zu Menschenmaterial zu machen? Für diesen traurigen Zweck ist die Literatur in der Tat notwendig.

Dies hat nicht die Verdammung irgendeiner Gattung zur Folge, sondern des Vorurteils, der Schlagwörter. Authentisch schreibe ich nur unter einer Bedingung: Wenn ich mich nicht um Dritte und Vierte schere, die Anweisungen mit Füßen trete. Was die Sache oft verfälscht, ist die Sorge des schwachen Schriftstellers, nützlich zu sein.

Jeder Mensch soll seinem Nächsten nützlich sein, doch ist er sein Feind, wenn nichts über das Nützlich-Sein hinaus in ihm steckt. Ins Nützlich-Sein verfallen, aus Scham über sich selbst, wenn sie göttliche Freiheit, das Unnütze, das schlechte Gewissen erzeugt, ist der Beginn einer Desertion. Das Feld ist frei für die Harlekine der Propaganda.

Warum soll man nicht in Umständen, wo die Wahrheit ans Licht kommt, die Tatsache betonen, dass sich die Literatur grundsätzlich der Nützlichkeit verweigert. Sie kann nicht nützlich sein, weil sie Ausdruck des Menschen ist – des Wesens des Menschen –, und der Mensch, insofern er wesentlich ist, kann nicht auf die Nützlichkeit reduziert werden. Manchmal macht ein Schriftsteller eine Ausnahme und mischt, der Einsamkeit überdrüssig, seine Stimme unter das Volk. Mag er mit seinesgleichen schreien – soviel er kann –, wenn er es aus Überdruss, aus Abscheu vor sich selbst macht, ist in ihm nur Gift, aber dieses Gift gibt er an die anderen weiter: Angst vor der Freiheit, Bedürfnis nach Knechtschaft! Seine wahre Aufgabe ist genau das Gegenteil: Wenn er der Einsamkeit Aller einen unantastbaren Teil offenbart, den nie jemand versklaven wird. Ein einziges Ziel entspricht seinem Wesen: Der Schriftsteller kann nur im Kampf für die Freiheit wirken, indem er das Stück Freiheit in uns verkündet, das nicht Formeln definieren können, sondern nur das Gefühl und die Poesie der aufwühlenden Werke. Mehr noch als für sie zu kämpfen, muss er Freiheit in Anspruch nehmen, sie zumindest in seinem Sagen verkörpern. Oft zerstört ihn seine Freiheit sogar: das macht ihn am stärksten. Was er dann zu lieben nötigt, ist die kühne Freiheit, die stolz auf sich selbst und ohne Schranken ist, die manchmal zum Sterben, ja sogar den Tod zu lieben drängt. Auf diese Weise lehrt der authentische Schriftsteller – durch die Authentizität seiner Werke – die Verweigerung der Knechtschaft (in erster Linie den Hass auf die Propaganda). Deswegen ist er nicht im Schlepptau der Massen und versteht es, in der Einsamkeit zu sterben.

Calaveras

Für Jacques Prévert

Die Existenz, die wir führen, ist nur eine zerstückelte Existenz: und sie ist nicht mehr imstande, ihre Bruchstücke aus eigener Kraft wieder einzusammeln. Gegenüber den rückständigen Ländern wirken wir hochmütig und zufrieden: ein Hochmut und eine Zufriedenheit, die die Niedrigkeit und Dummheit entlarven. Soweit sie jedoch in dem sternenklaren Raum geführt wird, der die Sinne blendet und zerreißt, muss unsere Existenz sich zwangsläufig ihrer selbst schämen: sie beginnt zu betteln und zu winseln.

Heimgesucht von der moralischen Not, warfen wir einen Blick auf die Länder, die von dieser Not nicht befallen worden sind und sich lebendige Geheimnisse bewahrt haben. Aber dieser Blick war fast immer so flüchtig und unvollkommen, dass er uns mehr über unsere eigenen Nöte und Unzulänglichkeiten lehrt als über das Leben – das *Leben* –, das zu verlassen die rückständigen Völker sich weigern. Von den Körpermessungen der Wissenschaft bis zu der erniedrigenden Zurschaustellung in den Zeitschriften wurde das Leben einmal mehr als nützlicher Gegenstand behandelt, als Ware, über die man verfügen kann.

Es ist niederträchtig und gemein, anders in das Leben eindringen zu wollen als mit jener inneren Glut, die das Leben ist. Besser noch eine Amputation, als dass ein Mensch seine selbstzufriedene Neugier spazieren führt und zu allem, was das Schweigen und Zittern verlangt, seinen Touristenspruch aufsagt. Einst machten sich Wesen, die durch die Not des Menschen verwüstet waren, um den Preis unerträglicher Angst auf die Suche nach Gott. Heute lässt sich dieser aus der Not geborene Gott dem Nichts nur zurückgeben, indem man selbst bis dorthin vordringt, wo das Nichts wütet, und das heißt: Nur indem man Schluss macht mit der schläfrigen Ruhe und sich einer ekstatischen Heiterkeit überlässt, die dem Tode nahe ist. Das aber gelingt nicht den Geistesabwesenden des Lebens, sondern denen, die zittern, weil sie mit dem Tod spielen und die Unschuld des Lebens dort wieder entdecken, wo es lacht.

Die Zivilisierten sind durch die Furcht verdorben. Die Unschuld und die innere Sammlung verlangen das extreme Wagnis. Wesen, die Furcht haben, verlieren die Unschuld, und es ist ihnen nicht möglich, sich zu sammeln, da sie ständig von einer kurzlebigen Illusion in die nächste flüchten müssen. Nur die Rückständigen vergnügen sich mit dem Tod. In ihnen erglänzt die Ganzheit der Existenz. Unausweichlich erzeugt sie

Furcht: unsere Müdigkeit verlangt, dass sie zerstückelt wird. Wenn so die Ganzheit mit der Not verbunden zu sein scheint und die Verflüchtigung des Lebens mit dem Wohlstand, ist es nur billig, dass man vor dem üblen Geruch der Ganzheit erzittert: was unschuldig ist, riecht nach Verwesung. Mögen die Zufriedenen sich eine eigene und höhere Welt erschaffen, in der die Leichentücher der Trauerzüge das ungezogene Gesicht des Todes verbergen: Die ganze Niedertracht der Flucht und Verflüchtigung offenbart sich in der Niedertracht der Leichentücher. Doch wenn ein verletzter Mensch dieser Hölle der Zufriedenheit entkommt, findet er bei seinen rückständigen Brüdern das Glück wieder – das Glück, ein Mensch zu sein.

Die Zivilisierten verhüllen das Gesicht ihrer toten Mitmenschen. Die leeren und tragikomischen Augen der Toten sehen ihnen nicht beim Leben zu. Die schwankende Heiterkeit, die in diesen Augen leuchtet, kommt nicht an gegen die Sorge um Sicherheit und Ruhe, die den Anblick des Menschen so widerlich und langweilig hat werden lassen. Die Heiterkeit rüttelt die Menschen nur dann wirklich auf, wenn sie den Tod zum Gegenstand hat. Die flüchtige Heiterkeit, die nicht unschuldig und entfesselt ist, ist nur eine unerträgliche Klugheit. Das gefahrlose Lachen ist eine Entsagung, die den üblen Geruch der Soutane atmet. Die Gefahr des Lachens aber ist der Tod.

Der Wind, der durch die Zähne und die Augenhöhlen der Skelette weht, ist belustigend. Der Tod ist ein unbefangenes Lachen. Der Tod macht aus dem sternenlosen Himmel ein Kinderspiel.

Keiner deiner Wutausbrüche wird stark genug sein, um die Komödie der *Erwachsenen* auffliegen zu lassen. Dies wird erst der schallenden Sinnlosigkeit deines Todes gelingen. Wenn du aber stirbst, »wie es sich gehört«, werden die Erwachsenen dich mit ihren Leichentüchern verhüllen. Die Erwachsenen lauern bloß auf deinen Tod, um dich endlich ernst nehmen zu können wie einen Erwachsenen. Sie brauchen deinen Tod, damit ihre Würde glänzt.

Stirb nicht wie König Ludwig XIV.

Stirb wie ein Hund.

Die Männer und die Frauen mit den schwarzen Leichentüchern möchten gerne, dass deine Ausgelassenheit vor ihrer Feierlichkeit in die Knie geht. Sie tun so, als wäre ausgelassen und trunken sein und was es dergleichen mehr gibt nicht so aufwühlend wie ihre Feierlichkeit. Sieh ihre Köpfe an, nein, sieh hindurch: Hinter dem tugendhaften und kummervollen Fleisch zischt ein *ich lüge* durch die Zähne ihrer unsichtbaren Totenköpfe.

Wenn ein Erwachsener stolpert und lang auf der Erde liegt, lächle nicht: brich in schallendes Gelächter aus. Vor deinen Augen öffnet sich das Nichts. Wenn du auch nur ein Stückchen von dem glanzvollen Glück des Lebens preisgibst, werden ihre Leichentücher dich ersticken. Für die toten alten Kinder ist die Gosse da. Auf dem Grund der Abwässer wartet der Glanz einer Sonne. Wenn dich die Erde verschlingt, wirst du *entzückt* sein vom Nichts. Alle ihre Leichentücher sind nichts anderes als die uneingestandene Furcht vor dem Nichts. Bleich stehen sie in ihren Trauerkleidern vor dem, was deine überschäumende Heiterkeit hervorruft, dein Glück eines Lümmels.

Bei Volksfesten in Mexiko tritt auch Don Juan auf (als Skelett).

Und wenn sich in Europa der selbstgefällige Alte aus Stein nähert, singt der Lümmel, der bald sterben wird und trinkend auf dem Tisch sitzt, aus voller Kehle: *Vivan le femmine. Viva il buon vino. Gloria e sostegno D'umanitä.*

Der überfüllte Planet

Während der Planet mit Tod und Reichtum überfüllt ist, durchdringt ein Schrei die Wolken. Reichtum und Tod schließen ein. Niemand hört diesen Schrei einer kläglichen Erwartung.

Wissend, dass es keine Antwort gibt, hätte ich in meinem Flehen zittern mögen: – O Gott! Befreie sie von der Last des Todes und des Reichtums! Erlöse sie, O Gott, von der Hoffnung, die das Bewusstsein ihres künftigen Todes und deines Nichts in ihnen hegt! Schließe sie in *deine* Einsamkeit ein! Schließe sie in deine Verzweiflung ein!

Ich bin der Überzeugung, schreibend nicht mit der angedeuteten Anstrengung fertig zu werden.

Niemals wird jemand fertig. Aber wie könnte ich, wenn ich nicht jedes Ding in diesem maßlosen Licht erblickte, das Glück erlangen?

Die heftige Bewegung und die Lebhaftigkeit der Sätze halten sie gefangen.

Die Vielzahl der Worte bedrängt mich, und ich höre ihre brausende Ebbe und Flut.

Doch zuerst genieße ich die Öde der Wasser, die zurücktreten.

Wieso vor dem Schreiben nicht warten, bis die Wasser zurückgetreten sind?

Jenes Wissen, das das Menschenwesen in der Welt situiert, war an erster Stelle das tierische Wissen.

Das Tier, im Spiel dieser unverständlichen – zumindest ihm unverständlichen – Welt, erkennt, was seinen Bedürfnissen entspricht. Das menschliche Wissen ist in seinem Prinzip nichts anderes als dieses elementare Wissen, das durch die Sprache einen Zusammenhang bildet. Das Wissen ist die Übereinstimmung des Lebewesens und des Milieus, aus dem es kommt. Ohne es, ohne die Identität des Lebewesens mit dieser Übereinstimmung, könnte das Leben nicht gedacht werden. Was ist also das Lebewesen in dieser Welt, wenn nicht der unbedachte Elan eines Möglichen im Innersten des Unmöglichen, von dem es umgeben ist? Sich entwickelnd, strengt sich das Wissen an, das Unmögliche (das Unvorhersehbare) auf das Mögliche (auf das Vorhersehbare) zurückzuführen. Der waghalsige Elan verwandelt sich mit dem Wissen in vernünftige Berechnung: die Berechnung ist selbst bloß möglich, indem sie ihrer Möglichkeit die fundamentale Bedeutung verleiht.

Die Wette des Wissens eröffnet zwei Wege.

Der erste ist die blinde Bejahung, in der das *Tatsachenwissen* besteht.

Das Wissen, das das Gefühl bestärkt, dass das Wissen *»möglich«* ist, erblickt jedes Ding aus der Perspektive des »Möglichen«. Manchmal vergegenständlicht sich das »Mögliche« als Möglichkeit, manchmal nicht. Aber immer vermischt sich auf diesem ersten Weg die Welt mit dem Möglichen und das Mögliche mit der Welt. Das tierische Wissen, das erste Wissen war das Produkt eines waghalsigen Strebens des Lebewesens nach einem ihm angemessenen Möglichen (das Lebewesen sei durch dieses Streben definiert); das menschliche Wissen wird im Wesentlichen die Berechnung der Möglichkeit, in der sich die Gesamtheit der Dinge ordnet, die Berechnung der Möglichkeit wird als eine Grundlage begriffen.

Eine erste trunkene Reaktion hebt den Zweifel auf, und in dieser im Grunde aus Einfalt bestehender Gewissheit hat der Mensch den Eindruck, auf der Erde zuhause zu sein. Das Wissen, in seinem Prinzip selbst, ist jedoch die In-Frage-Stellung des Wissens selbst. Wenn ich die Wege des Wissens ergründe, gleiche ich der Ameise, die sich der schwebenden Drohung, dass ein Zufall den Ameisenhaufen umstürzt, bewusst ist, und der letzten Wahrheit dieses Zufalls. Die Sprache stellt eine Ordnung auf, sie macht daraus die Grundlage dessen, was ist, aber es gibt nichts was *in letz-*

ter Instanz wäre: jedes Ding befindet sich in der Schwebe, über dem Abgrund, selbst der Boden ist die Illusion einer Sicherheit; mir wird schwindlig, *wenn ich weiß*, mitten auf einem Feld; sogar in meinem Bett spüre ich, dass die Welt und das Universum sich entziehen.

Der unbedeutende, provisorische Charakter der Tatsachen des allergewissesten Wissens offenbart sich mir auf diesem Weg. Doch der Schein, der die illusorische Gewissheit bestimmt, verbannt mich trotzdem täglich in diesen Bereich, wo nichts tragisch, weder erschreckend noch heilig ist. Doch nichts in diesem Bereich ist *poetisch*.

Als poetische öffnet mich die Sprache abermals dem Abgrund.

Doch die Poesie kann die Bejahung der zusammenhängenden Rede nicht wirklich verneinen, sie kann die Lüge der Rede nicht lange vertreiben. Niemals errichtet die Poesie das, was sie sichtbar macht. Wenn ich die Ordnung verneine, in die mich eine zusammenhängende Rede einschließt, ist es noch immer der Zusammenhang der Rede in mir, der sie verneint. Einen Augenblick lang ordnet die Rede in mir, was die Ordnung auflöst, in der sie mich einschließt, sie ordnet, was mich – auf tragische Weise – bis zum Tod dem Delirium der Poesie übergibt.

Das Mögliche, die endlose Ruhe erlangend – ich würde stöhnen, wäre mir die Gewissheit gegeben;

ewig im Angesicht der Wahrheit zu leben. Was ich will und das Menschenwesen in mir will: Ich will einen Augenblick lang meine Grenze überschreiten, und ich will einen Augenblick lang von nichts aufgehalten werden.

Ein Durcheinander von Bejahungen in der Vergangenheit gab zuletzt die Reflexion der Panik preis. Würden wir von dieser Preisgabe loskommen, indem wir nichts mehr wagten und nichts mehr bejahten, was nicht auf einer oft wiederholten Erfahrung beruht? Praktisch ist die Gewissheit ausreichend, die auf einer so dauerhaften Erfahrung fußt: doch sie liefert uns zuletzt dem unerträglichen Schmerz und der Todesqual aus. Gleicht die letzte Wahrheit dem schmerzhaftesten Tod? Oder ist diese prosaische Welt, bestimmt durch ein Wissen, das auf einer dauerhaften Erfahrung fußt, deren Grenze? Liegt unser Glück, wenn wir einmal von ungereimten Anschauungen erlöst sind, vor dem Tod und der Qual? Das reine Glück? Im Innern einer Welt, in der einzig die Ohnmacht der Ausweg ist?

Die Abwesenheit des Mythos

Der Geist, den die augenblickliche Zeit hervorbringt, muss notwendig gefühllos werden – und ganz und gar angespannt, wie er ist, will er diese Gefühllosigkeit. Der Mythos und die Möglichkeit des Mythos lösen sich auf: übrig bleibt allein eine unermessliche, geliebte und erbärmliche Leere. Die Abwesenheit des Mythos ist vielleicht dieser feste Boden unter meinen Füßen, vielleicht aber zugleich der schwindende Boden.

Die *Abwesenheit Gottes* ist nicht mehr die Schließung: sie ist die Eröffnung des Unendlichen. Die *Abwesenheit Gottes* ist größer, ist göttlicher als Gott (ich bin infolgedessen kein Ich mehr, sondern eine *Abwesenheit des Ichs:* Auf dieses Verschwinden hatte ich gewartet, und jetzt bin ich maßlos froh).

In der weißen und anstößigen Leere der Abwesenheit leben schuldlos und vergehen Mythen, die keine Mythen mehr sind, Mythen von der Art, dass ihre Fortdauer nur ihre Hinfälligkeit erweisen würde. Zumindest in einer Hinsicht ist die schwache Transparenz der Möglichkeit vollkommen: wie die Flüsse im Meer, so verlieren sich die Mythen, die dauerhaften wie die vergänglichen, in der *Abwesenheit des Mythos,* die ihre Trauerzeit und ihre Wahrheit ist.

Die entschiedene Abwesenheit des Glaubens ist der unerschütterliche Glaube. Der Tatbestand, dass ein Universum ohne Mythos ein ruiniertes Universum ist – reduziert auf die Nichtigkeit der Dinge –, stellt die Entziehung des Universums durch das, was sie uns nimmt, seiner Offenbarung gleich. Wenn wir das Universum verloren haben, indem wir das mythische Universum aufhoben, so verknüpft der Tatbestand als solcher den Tod des Mythos mit einer Verlusthandlung, die offenbarend ist. Und dadurch, dass ein Mythos gestorben ist oder stirbt, können wir ihn heute besser überschauen, als wenn er noch lebte: erst die Entbehrung vollendet die Transparenz, und erst das Leiden macht froh.

»Nacht ist auch eine Sonne«, und die Abwesenheit des Mythos ist auch ein Mythos: der kälteste, der reinste, der einzig *wahre.*

Zu nehmen oder zu lassen

Für René Char

Ich hege die unerschütterliche Überzeugung, dass, was auch geschehe, *das, was den Menschen um seinen Wert bringt, seine Unehre und seine Unwürdigkeit,* triumphiert, triumphieren muss über alles übrige und verdient, dass alles übrige ihm untergeordnet und notfalls geopfert werde.

Jedenfalls ist das, was *souverän* ist, nicht zu verteidigen: Man verrät es, wenn man es verteidigen will. Daher ist *das, was* nach André Gide *den Wert des Menschen ausmacht, seine Ehre und seine Würde,* ein Fraß für die Hunde.

Souverän ist in mir nur der Ruin. Und mein sichtbarer Mangel an Überlegenheit – mein ruinierter Zustand – ist das Kennzeichen einer Insubordination, die der des gestirnten Himmels gleicht.

Wer weiß nicht, dass die Souveränität von einem unter uns, auch darin dem gestirnten Himmel verwandt, keinen anderen Ausdruck als ein ohnmächtiges Schweigen hat? (Ein freiwilliges, unverbrüchliches Schweigen macht sich vom Geschwätz abhängig.)

Die törichteste Eitelkeit: ein Schweigen, das etwas anderes verbirgt als das Uneingestehbare.

Ein souveränes Schweigen: »Tanzen wir den Ringelreihn …« Ein *schuldiges* Kind: keine Barriere mehr zwischen meinem Spiegel – der Unermesslichkeit der tiefen Nacht – und mir (der …).

Die Freunde: das lautlose Lachen, der Anus, die Ekstase, die absolut schwarze Nacht.

Die völlige *Entregelung* (die Hingabe an die Schrankenlosigkeit) ist die Regel einer *Abwesenheit* von Gemeinschaft.

Die Poesie, die geschriebene oder dargestellte, ist ein einziger souveräner Schrei: darum führt sie zu jenen Unterwürfigkeiten poesietrunkener Heloten.

Es steht nicht jedermann frei, nicht zu meiner *Abwesenheit von Gemeinschaft* zu gehören. Ebenso ist die *Abwesenheit des Mythos* der einzige unvermeidliche Mythos: der die Tiefe erfüllt wie ein Wind, der sie leerfegt.

Anmerkungen

Reflexionen über Henker und Opfer

1 A.d.V.: Der abgedruckte Text ist eine Rezension zu David Rousset, *Les Jours de notre mort* [»Die Tage unseres Todes«], 1947. Alle Zitate stammen aus diesem Buch; Übersetzung von Monika Buchgeister.

2 »Dieses Buch ist in der Romantechnik gebaut.« Der Autor, der hier differenziertere Ausdrucksmittel und eine dem Leben untergeordnete Sprache finden musste, über die der Historiker nicht verfügt, setzt im übrigen hinzu: »Das Fabulieren hat an dieser Arbeit keinen Anteil. Die Tatsachen, die Personen, die Ereignisse sind alle authentisch. Es wäre kindisch gewesen, etwas zu erfinden, wo doch die Wahrheit das Imaginäre so weit übertraf.« Bekanntlich hatte David Rousset schon als Vorwort zu diesem umfangreichen Buch *Die Welt der Konzentrationslager* (von dem wir früher berichtet haben: *Critique* 5, Oktober 1946, S. 441) veröffentlicht, wo er die Hauptthemen nannte, bevor er mit den verwickelten aber folgerichtigen Erzählungen der *Tage unseres Todes* begann. Die Kritik, die vielleicht die durch den Untertitel »Roman« eingeführte Zweideutigkeit falsch verstand, sprach von Längen und Wiederholungen in diesen Erzählungen: Tatsächlich stellt die Kritik prinzipiell eine »normale« Welt dar, die die Achtung vor den sie begründenden Konventionen fordert, und dies, obwohl eine Stimme aus einer »anderen Welt« zu ihr

dringt, die ihrerseits auf dem Bruch dieser Konventionen basiert. Drücken wir es so aus: Diese Längen und diese Wiederholungen helfen uns, die andere Stimme – genau so wie sie sein kann – zu verstehen, der David Rousset Kraft und Strenge verliehen hat. Und warum sollte hier nicht gesagt werden, dass dieses Buch schon Teil von uns selbst ist – als Entdeckung des Bodens (und natürlich des Schmutzes), auf dem sich die Menschlichkeit aufrichtet.

Sartres Überlegungen zur Judenfrage

1 *Réflexions sur la question juive*, Paris 1946.

Die Welt in der wir sterben

1 La Rochefoucauld hat geschrieben: »Weder die Sonne noch den Tod kann man fest anblicken.« (*Maximen und Reflexionen*, Nr. 26)

Über das Unvereinbare beim Schriftsteller (*Brief an René Char*)

1 »Gibt es Unvereinbarkeiten? Obgleich es ziemlich müßig scheint, heute eine solche Frage zu stellen, da die Mittel der Dialektik, wenn man nach den bekannten Resultaten urteilt, gestatten, auf *alles* günstig zu antworten – aber günstig heißt nicht *wahrheitsgemäß* –, schlägt ›Empedocle‹ vor, dass die moderne Frage der Unvereinbarkeiten sorgfältig untersucht werde, die *modern* ist, weil sie sich auf die Existenzbedingungen unserer Zeit auswirkt, einer, wie man zugestehen wird, ebenso zweideutigen wie gärenden. Man behauptet aus allerlei Blickwinkeln, dass gewis-

se Funktionen des Bewusstseins und gewisse entgegengesetzte Aktivitäten von demselben Individuum vereint und festgehalten werden können, ohne der praktischen und gesunden Wahrheit zu schaden, die die menschlichen Gemeinwesen zu erreichen streben. Das ist möglich, aber nicht sicher. Die Politik, die Wirtschaft, das Soziale, und welche Moral …

Denken Sie nicht in dem Augenblick, in dem Klagen und legitime Forderungen sich erheben, Kämpfe sich entwickeln und Heilmittel formuliert werden, dass die gegenwärtige Welt, wenn sie eine sehr relative Harmonie, ihre leuchtende Mannigfaltigkeit wieder finden soll, das zum Teil der Tatsache verdanken wird, dass das Problem der Unvereinbarkeiten gelöst oder zumindest ernsthaft gestellt wird, dieses vitale Problem, dieses Grundproblem, das wie nach Gefallen umgangen wird?

In jedem Menschen gibt es bekanntlich einen Tropfen Ariel, einen Tropfen Caliban, und dazu ein Teilchen eines unbekannten Amorphen, sagen wir der Einfachheit halber aus Kohle, die zum Diamanten werden kann, wenn Ariel aushält, oder wenn Ariel abdankt, zu einer Krankheit der Fliegen.

Wir überlassen denen, die so freundlich sein wollen, uns zu antworten, die Sorge, den guten oder unguten Sinn, die Logik oder Unlogik unserer Frage sowie ihren Orientierungsplan zu präzisieren.

Eine ungeschickte und nicht sehr klare Umfrage, wird man einwenden. Doch von Ihnen, den Gegnern oder Weggenossen, erwarten Umfrage und Antwort ihr Licht.« René Char an Georges Bataille, Mai 1950

2 Maurice Blanchot, *La part du Jeu*, Paris 1949.

3 Jean Paul Sartre, *Was ist Literatur?*, Hamburg, 1950.

Nachweise

André Masson, *Über Georges Bataille*, übersetzt von Reinhard Tiffert.

Georges Bataille, *Reflexionen über Henker und Opfer* (Kritik zu: David Rousset, »Les Jours de notre mort« 1947), übersetzt von Monika Buchgeister. *Réflexion sur bourreaux et victimes*. Erstmals in: »Critique«, Nr. 17, Paris 1947.

Georges Bataille, *Sartres Überlegungenn zur Judenfrage*, »Réflexions sur la question juive«, 1947, übersetzt von Monika Buchgeister. Erstmals in »Critique«, Nr. 17, Paris 1947.

Georges Bataille, *Die Welt, in der wir sterben* (*Le monde dans lequel nous mourons*), übersetzt von Monika Buchgeister.

Georges Bataille, *Über das Unvereinbare beim Schriftsteller (Brief an René Char)*. »Lettre à René Char sur les incompatibilités de l'écrivain«, übersetzt von Gerd Bergfleth. Erstmals in: »Botteghe Oscure«, Nr. VI, Rom 1950, S. 172-187.

Georges Bataille, *Ist die Literatur nützlich?*, übersetzt von Reinhard Tiffert. »La Littérature est-elle utile?« Erstmals in: »Combat«, 12. November 1944.

Georges Bataille, *Calaveras*, übersetzt von Andrea Knop. Aus: »Œuvre complètes«, II, S. 407-409, Paris 1970.

Georges Bataille, *Der überfüllte Planet*, übersetzt von Bernd Mattheus. »La planète encombrée«, erstmals in: »La Ciguë«, Nr. 1, Jan. 1958; »Œuvres completes«, XII, Gallimard, Paris 1988.

Georges Bataille, *Die Abwesenheit des Mythos*, übersetzt von Gerd Bergfleth. »L'absence de mythe«, erstmals in: »Le surréalisme en 1947«. Exposition internationale du surréalisme présentée par André Breton et Marcel Duchamp. Paris, Maeght, 1947.

Georges Bataille, *Zu nehmen oder zu lassen*, übersetzt von Gerd Bergfleth. À prendre ou à laisser, erstmals in: »Troisième convoi«, Nr. 3, 1946.

Zweite Auflage, Berlin 2016

Copyright © 2008
MSB Matthes & Seitz Berlin
Verlagsgesellschaft mbH
Göhrener Str. 7 | 10437 Berlin
Copyright © der Originalausgabe
info@matthes-seitz-berlin.de
Copyright © Les Éditions Gallimard, Paris
Alle Rechte vorbehalten.
Druck und Bindung: Artdruk, Szczecin
Umschlaggestaltung nach einer Idee von Pierre Faucheux
ISBN 978-3-88221-726-1

www.matthes-seitz-berlin.de

FRÖHLICHE WISSENSCHAFT BEI MATTHES & SEITZ BERLIN

Antonin Artaud

Van Gogh, Selbstmörder durch die Gesellschaft

Aus dem Französischen von Bernd Mattheus

108 Seiten, ISBN 978-3-88221-646-2

Marc Augé

Die Formen des Vergessens

Aus dem Französischen von Till Bardoux

105 Seiten, ISBN 978-3-88221-044-6

Georges Bataille

Die Aufgaben des Geistes

Gespräche und Interviews 1948 – 1961

Aus dem Französischen von Rita Bischof

165 Seiten, ISBN 978-3-88221-597-7

Maurice Blanchot

Die uneingestehbare Gemeinschaft

Aus dem Französischen von Gerd Bergfleth

183 Seiten, ISBN 978-3-88221-892-3

Jean Baudrillard

Im Schatten der schweigenden Mehrheiten oder Das Ende des Sozialen

Aus dem Französischen von Grete Osterwald

160 Seiten, ISBN 978-3-88221-693-6

FRÖHLICHE WISSENSCHAFT BEI MATTHES & SEITZ BERLIN

Jean Baudrillard

Warum ist nicht alles schon verschwunden?

Aus dem Französischen von Markus Sedlaczek

64 Seiten, ISBN 978-3-88221-720-9

Jean Baudrillard

Das radikale Denken

Aus dem Französischen von Riek Walther

Mit einem Nachwort von Philipp Schönthaler

64 Seiten, ISBN 978-3-88221-042-2

Jean Baudrillard

Amerika

Aus dem Französischen von Michaela Ott

192 Seiten, ISBN 978-3-88221-371-3

Gilles Clément

Gärten, Landschaft und das Genie der Natur

Aus dem Französischen von Brita Reimers

64 Seiten, ISBN 978-3-95757-025-3

Thierry Dufrêne

Giacometti – Genet. Masken und modernes Portrait

Aus dem Französischen von Eveline Passet

160 Seiten, Abbildung, ISBN 978-3-88221-694-3